D0943298

中国文化面面观

梅立崇　魏怀鸾　杨俊萱

华语教学出版社

北　京

First Edition   1993

Second Printing 1996

ISBN 7-80052-301-2

Copyright 1993 by Sinolingua

Published by Sinolingua

24 Baiwanzhuang Road, Beijing 100037, China

Printed by Beijing Foreign Languages Printing House

Distributed by China International

Book Trading Corporation

35 Chegongzhuang Xilu, P.O.Box 399

Beijing 100044, China

Printed in the People's Republic of China

说　　明

　　《中国文化面面观》是为外国人编写的汉语教材。适于掌握两千个左右汉语词汇的外国留学生、进修生使用，也可供自学用。

　　本书共二十二篇，包括四个方面的内容：中国民族简况、中国习俗、中国历史上著名的科学成果和中国名产、绚丽多彩的中国文学和艺术。编写力求内容充实，行文注意通俗易懂。每篇除课文外，生词和注释均有英、法文翻译。

　　教授本教材应注意贯彻实践性原则，着重培养学生实际运用汉语的能力。或作为听力教材使用，或作为阅读教材使用，或先听后读，听读结合。有些篇目之间，难易程度悬殊较大，教师可根据学生的语言水平有选择地使用本教材。

　　中国是个文明古国。中国的文化典籍浩如烟海。我们选择有代表性的材料编成这本小书，它仅象富丽堂皇的宫殿中的一扇玲珑小窗，透过它尚能浮光掠影地窥见中国文明之概貌。

　　在编写过程中，我们参考了一些书刊，并得到不少同志的热诚帮助，在此对有关作者及同志一并致谢。

　　本书编者：梅立崇、魏怀鸾、杨俊萱。英文翻译张西蒙、麦秀闻，法文翻译于树华。

　　限于编者水平，本书错误和不妥之处在所难免，诚望读者及专家们批评指正。

编　　者

一九八二、六

目　录

一、中华民族

中国是一个多民族国家。全国各民族中,汉族人口最多,约占全国总人口的百分之九十二;其他五十多个民族人口较少,共有九千多万人,约占全国总人口的百分之八,所以统称少数民族或兄弟民族。人口在一百万以上的少数民族有蒙古、回、藏、维吾尔、苗、彝、壮、布依、朝鲜、满、侗、瑶、白、土家、哈尼等民族。少数民族人口虽少,但分布地区广大,约占全国总面积的百分之五十到六十,主要分布在内蒙古、新疆、广西、宁夏、西藏、青海、甘肃、四川、云南、贵州、湖南、广东、辽宁、吉林、黑龙江等省、自治区。

在中国几千年的历史中,各民族劳动人民经过艰苦奋斗,共同开拓了辽阔的疆域,创造了丰富的物质和精神财富,对祖国的历史发展做出了贡献。但是历代统治者,曾经在各民族之间制造分裂,使得他们互不团结,甚至发生民族战争。由于种种原因,各民族的社会发展也很不平衡,汉族地区社会发展水平较高,有些少数民族地区则比较落后。新中国成立以后,各民族人民在政治上、经济上、文化上翻了身;国家实行民族平等的政策,禁止对任何民族的歧视和压迫;在少数民族聚居的地区实行民族区域自治。全国各族人民团结一致,共同建设社会主义祖国。

中国的少数民族,除了回族、满族用汉语外,其他都使用本民族的语言。象蒙古、藏、维吾尔、朝鲜等二十一个少数民族还有自己的文字。许多兄弟民族创作了光辉的历史文学作品,蒙古族的《元朝秘史》①,彝族的《阿诗玛》②等,都有很高的历史价值和艺术水平,是中国文化宝库中的瑰宝。有些少数民族能歌善舞,这早已为国内外人民所熟知。

由于各民族形成的历史不同,所以各自的习俗和传统节日也不一样。蒙古族有"那达慕大会"③,在这一天人们举行摔交、赛马、射箭等活动。彝族有"火把节"④,在这一天,人们唱歌跳舞,庆祝丰收。傣族有"泼水节"⑤,在这一天,人们互相泼水,预祝在新的一年里,人畜两旺,五谷丰登。

很久以来,中国各民族人民的祖先就在这块富饶美丽的土地上生活、劳动。中国各民族就象多姿多彩的百花一样,装点着这九百六十多万平方公里的东亚大花园!

生　词

1. 统一　　　（动）tǒngyī　　　unite
　　　　　　　　　　　　　　　unifier

2. 统称　　　（动）tǒngchēng　　be called by a joint name
　　　　　　　　　　　　　　　appeler en général

3. 广大　　　（形）guǎngdà　　　broad；wide
　　　　　　　　　　　　　　　immense

2

4. 居住	（动）	jūzhu	live；inhabit
			habiter
5. 自治	（动）	zìzhì	exercise autonomy
			exercer l'autonomie；autonomie
6. 自治区	（名）	zìzhìqū	autonomous region
			région autonome
7. 艰苦	（形）	jiānkǔ	arduous
			dur；pénible
8. 开拓	（动）	kāituò	open up
			exploiter；développer
9. 辽阔	（形）	liáokuò	vast；extensive
			vaste
10. 疆域	（名）	jiāngyù	territory
			territoire
11. 创造	（动）	chuàngzào	create
			créer
12. 物质	（名）	wùzhì	material
			matière
13. 精神	（名）	jīngshén	spirit
			esprit
14. 财富	（名）	cáifù	wealth
			biens
15. 历代	（名）	lìdài	past dynasties
			diverses dynasties
16. 统治者	（名）	tǒngzhìzhě	ruler
			gouvernant
17. 制造	（动）	zhìzào	create，make

			fabriquer；ici：créer；faire
18. 分裂	（动）fēnliè	split；divide
		se diviser；se scinder
19. 平衡	（动）pínghéng	balance
		équilibrer；équilibre
20. 落后	（形）luòhòu	backward；fall behind
		arriéré
21. 实行	（动）shíxíng	carry out
		pratiquer；exercer
22. 平等	（形）píngděng	equal
		égal
23. 政策	（名）zhèngcè	policy
		politique
24. 禁止	（动）jìnzhǐ	forbid；prohibit
		prohiber；défendre；inter-dire
25. 任何	（代）rènhé	any；whatever
		n'importe quel
26. 歧视	（动）qíshì	discriminate against
		discrimination
27. 聚居	（动）jùjū	inhabit a region (as an eth-nic group)
		agglomérer
28. 区域	（名）qūyù	area
		région
29. 一致	（形）yīzhì	unanimous
		unanime
30. 共同	（形）gòngtóng	common

4

			commun
31. 光辉	（形）	guānghuī	brilliant; glorious
			brillant; glorieux
32. 文学	（名）	wénxué	literature
			littérature
33. 作品	（名）	zuòpǐn	a literary or artistic work
			œuvre; ouvrage
34. 价值	（名）	jiàzhí	value
			valeur
35. 宝库	（名）	bǎokù	treasure-house
			patrimoine
36. 瑰宝	（名）	guībǎo	rarity; treasure; gem
			trésor; joyau
37. 能歌善舞		nénggē shànwǔ	be good at singing and dancing
			exceller à chanter et à danser
38. 为……所		wéi……suǒ	by
			par
39. 熟知	（动）	shúzhī	know very well
			connaître bien
40. 各自	（代）	gèzì	each; respective
			chaque; son propre…
41. 习俗	（名）	xísú	habits and customs
			us et coutumes
42. 传统	（名）	chuántǒng	tradition
			tradition
43. 摔交		shuāijiāo	wrestle; wrestling

			lutte à main plate
44. 射箭		shèjiàn	shoot with an arrow
			tir à l'arc
45. 火把	（名）	huǒbǎ	torch
			torche
46. 泼水		pōshuǐ	sprinkle （water）; splash water
			aspersion; asperger
47. 预祝	（动）	yùzhù	wish sb. success
			souhaiter
48. 人畜两旺		rénchù liǎngwàng	both men and livestock are flourishing
			prospérité des gens et des bestiaux
49. 五谷丰登		wǔgǔ fēngdēng	an abundant harvest of all food crops
			bonne récolte de céréales
50. 祖先	（名）	zǔxiān	ancestry
			ancêtre
51. 富饶	（形）	fùráo	richly endowed; rich
			riche; opulent
52. 多姿多彩		duōzī duōcǎi	rich and colourful; splendid
			varié et coloré
53. 装点	（动）	zhuāngdiǎn	decorate
			décorer

专 名

1. 汉族   Hànzú   the Han nationality
   nationalité han
2. 蒙古族   Měnggǔzú   the Mongol nationality
   nationalité mongole
3. 回族   Huízú   the Hui nationality
   nationalité hui
4. 藏族   Zàngzú   the Zang (Tibetan) nationality
   nationalité zang (Tibétain)
5. 维吾尔族   Wéiwú'ěrzú   the Uygur (Uighur) nationality
   nationalité ouïgoure
6. 苗族   Miáozú   the Miao nationality
   nationalité miao
7. 彝族   Yízú   the Yi nationality
   nationalité yi
8. 壮族   Zhuàngzú   the Zhuang (Chuang) nationality
   nationalité zhuang
9. 布依族   Bùyīzú   the Buyi (Puyi) nationality
   nationalité bouyei
10. 朝鲜族   Cháoxiānzú   the Chaoxian (Korean) nationality
   nationalité coréenne
11. 满族   Mǎnzú   the Man (Manchu) nationality
   nationalité mandchoue

12. 侗族	Dòngzú	the Dong (Tung) nationality
		nationalité dong
13. 瑶族	Yáozú	the Yao nationality
		nationalité yao
14. 白族	Báizú	the Bai (Pai) nationality
		nationalité bai
15. 内蒙古	Nèiměnggǔ	Inner Mongolia
		Mongolie intérieure
16. 新疆	Xīnjiāng	Xinjiang
		Xinjiang (une des régions autonomes de Chine)
17. 广西	Guǎngxī	Guangxi
		Guangxi (une des régions autonomes de Chine)
18. 宁夏	Níngxià	Ningxia
		Ningxia (une des régions autonomes de Chine)
19. 西藏	Xīzàng (Tibet)	Xizang (Tibet)
		Tibet
20. 青海	Qīnghǎi	Qinghai Province
		province du Qinghai
21. 甘肃	Gānsù	Gansu Province
		province du Gansu
22. 四川	Sìchuān	Sichuan Province
		province du Sichuan
23. 云南	Yúnnán	Yunnan Province
		province du Yunnan

8

24.	贵州	Guìzhōu	Guizhou Province
			province du Guizhou
25.	湖南	Húnán	Hunan Province
			province du Hunan
26.	广东	Guǎngdōng	Guangdong Province
			province du Guangdong
27.	辽宁	Liáoníng	Liaoning Province
			province du Liaoning
28.	吉林	Jílín	Jilin Province
			province du Jilin
29.	黑龙江	Hēilóngjiāng	Heilongjiang Province
			province du Heilongjiang
30.	傣族	Dǎizú	the Dai (Tai) nationality
			nationalité dai

注　释

①《元朝秘史》:中国十三世纪中叶的一部历史、文学巨著,叙述蒙古族的起源和成吉斯汗、窝阔台汗时期的事迹。

The Secret History of the Yuan Dynasty: a mid-thirteenth century historical and literary masterpiece recounting the origins of the Mongolian people and their achievements during the time of the Khans Chinggiz (Genghis) and Ogode.

Histoire confidentielle de la dynastie des Yuan est une grande œuvre de l'histoire et de la littérature rédigée au milieu du XIIIᵉ siècle. On y raconte l'origine de la nationalité mongole et ses réalisations accomplies à l'epoque de Gengis Khan et d'Ogoday Khan.

② 《阿诗玛》：流传于云南彝族中的一部民间叙事长诗。叙述勤劳勇敢的姑娘阿诗玛，为追求自由婚姻，同她的阿黑哥一起，向封建统治者进行斗争的故事。

Ashima：a narrative folk epic current among the Yi nationality of Yunnan. The story is an account of the perseverance and valour of a girl named Ashima and her struggle against a feudal ruler along with her lover Ahei in pursuit of the freedom to marry.

Ashima est une longue épopée folklorique répandue parmi les Yi dans la province du Yunnan. On y relate qu' Ashima, une jeune fille laborieuse et courageuse, lutta avec son fiancé Ahei contre le gouvernement féodal pour obtenir un mariage libre.

③ "那达慕大会"：蒙古人民一年一度的盛大节日，在七、八月举行，内容是摔交、赛马、射箭、歌舞等活动。"那达慕"在蒙古语中是"娱乐"或"游戏"的意思。

"The Nadam Meeting"：an annual grand festival of the Mongolian people held in July or August, and featuring wrestling, horse-racing, archery, singing, dancing etc. "Nadam" in Mongolian means " amusement" or "entertainment"

Le "Nadam ", fête de gala du peuple mongol, a lieu chaque année au mois de juillet et d'août. On donne des festivités telles que lutte à main plate, course à cheval, tir à l'arc , chants et danses. "Nadam" signifie "avertissement" ou "jeu" en langue mongole.

④ "火把节"：在农历六月二十四日前后举行，是各地彝族共同的传统节日。

"Torch Festival": a traditional festival held around the twenty-fourth of the sixth month of the lunar calendar and common to the Yi people of all districts.

"Fête des torches": c'est une fête traditionnelle dans toutes les localités de la nationalité yi. La fête a lieu environ le 24ᵉ jour du 6ᵉ mois du calendrier lunaire.

⑤ "泼水节":约在农历清明后十日举行,是傣历新年。

"The Splashing Festival": the New Year of the Chinese Dai nationality. It is held about ten days after Qingming (5th solar term).

Fête de l'aspersion: c'est le Nouvel An des Dai, qui tombe après la fête des Morts selon le calendrier agricole.

二、中国人的姓名

在中国，人们初次见面总要先问："您贵姓？""名字怎么称呼？"中国人的姓和名有什么特点呢？

姓，产生在母系社会。人们为了区别婚姻和种族，就把姓作为一个家族的称号。"姓"字就由"女""生"二字合成，许多古姓都从"女"旁，如姬、姜等，这说明在母系社会，人们要以母亲的姓为姓。后来，生产力发展了，男子成了社会的主要劳动力，出现了父系社会，妇女也从称姓变成了称氏，如果娘家姓李，婆家姓王，她就被称为王李氏。

按照传统习惯，中国人一般姓父亲的姓。也有的姓母亲的姓，或者以母亲的姓取名，如鲁迅先生，他父亲姓周，他叫周树人，又采用了母亲的姓起笔名，叫鲁迅。

中国到底有多少姓？谈到这儿，人们自然会想起《百家姓》这本书。相传，《百家姓》是宋朝初年的一个老儒写的。宋朝皇帝姓"赵"，"赵"就成了国姓，于是《百家姓》就是以"赵"开头，编成四个字一行的韵文，如："赵钱孙李，周吴郑王"。《百家姓》不只一百家，它泛指很多姓。据说在明朝时，中国的单姓和复姓就有三千七百多个，后来渐渐少了。现在常见的单姓只有五百三十七个，复姓也只有六十三个了。张、王、李、赵、刘是最多见的单姓。诸葛、欧阳、端木、公孙则是最常见的复姓。

中国人的姓名都是姓在前名在后。名字往往有一定的含义,表示一定的愿望,如:"富、贵、财、禄"是希望发财致富;"康、健、松、寿"是希望健康长寿;"栋、杰、俊、才"是希望成为有用的人才等。在一个家庭中,同辈人的名字往往取一个相同的字。有的人除了小名、大名以外,还有字、号或者笔名,如老舍就是笔名,他原姓舒,名庆春,字舍予。现在已经打破了各种限制,人们可以自由命名,名字仅仅成了一种符号。

此外,男人的名字和女人的名字也不一样,男人多以雄壮的字眼取名,如"峰、良、栋、生",女人多以美丽的字眼取名,如"珍、琴、花、芬"。为了易写易记,现在单名增多了,因此在中国重名的现象也越来越多。

生　　词

1. 初	(形)	chū	the first time premier; ici: la première fois
2. 称呼	(动)	chēnghu	call; address s'appeler
3. 特点	(名)	tèdiǎn	characteristic; distinguishing feature caractéristique; particularité
4. 产生	(动)	chǎnshēng	produce; emerge

13

se produire

5. 区别　　　（动）　qūbié　　　distinguish between
　　　　　　　　　　　　　　　　distinguer

6. 婚姻　　　（名）　hūnyīn　　 marriage
　　　　　　　　　　　　　　　　mariage

7. 种族　　　（名）　zhǒngzú　　race
　　　　　　　　　　　　　　　　race

8. 作为　　　（动）　zuòwéi　　　as
　　　　　　　　　　　　　　　　prendre qch comme

9. 家族　　　（名）　jiāzú　　　 clan; family
　　　　　　　　　　　　　　　　clan; famille

10. 称号　　　（名）　chēnghào　 title; name
　　　　　　　　　　　　　　　　nom; titre

11. 以…为…　　　　　yǐ…wéi　　　with…as; take…for
　　　　　　　　　　　　　　　　prendre qch comme

12. 生产力　　（名）shēngchǎnlì　productive forces
　　　　　　　　　　　　　　　　force productive

13. 劳动力　　（名）　láodònglì　labour force
　　　　　　　　　　　　　　　　main-d'œuvre

14. 出现　　　（动）　chūxiàn　　 appear; arise; emerge
　　　　　　　　　　　　　　　　apparaître; émerger

15. 氏　　　　（名）　shì　　　　 née; family name
　　　　　　　　　　　　　　　　nom de famille, appellation
　　　　　　　　　　　　　　　　adressée aux gens dans
　　　　　　　　　　　　　　　　l'antiquité chinoise

16. 娘家　　　（名　niángjia　　a married woman's parents
　　　　　　　　　　　　　　　　home
　　　　　　　　　　　　　　　　famille de l'épouse

17.	婆家	（名）	pójia	husband's family
				famille du mari
18.	取名		qǔmíng	give a name
				donner un nom
19.	采用	（动）	cǎiyòng	adopt; use
				adopter; utiliser
20.	笔名	（名）	bǐmíng	pen name; pseudonym
				nom de plume; pseudonyme
21.	儒	（名）	rú	learned man; scholar
				lettré
22.	皇帝	（名）	huángdì	emperor
				empereur
23.	韵文	（名）	yùnwén	literary composition in rhyme; verse
				composition rimée
24.	泛指	（动）	fànzhǐ	make a general reference; be used in a general sense
				indiquer d'une manière générale; faire une référence générale
25.	俗话	（名）	súhuà	common saying
				langage populaire; ici: on dit
26.	可见	（连）	kějiàn	it is thus clear that; it can be seen that
				ainsi; alors
27.	含义	（名）	hányì	meaning; implication
				signification; sens

28. 富	（形）	fù	rich	
			riche	
29. 贵	（形）	guì	valuable; precious; of high rank	
			noble; précieux	
30. 财	（名）	cái	wealth; money	
			biens; fortune	
31. 禄	（名）	lù	official's salary in feudal China	
			émoluments d'un fonctionnaire dans la Chine féodale	
32. 发财致富		fācáizhìfù	to get rich; to make one's fortune	
			faire fortune	
33. 松	（名）	sōng	pine	
			pin	
34. 寿	（名）	shòu	longevity; long life	
			longévité; longue vie	
35. 栋	（名）	dòng	ridgepole and beam	
			poutre faîtière	
36. 杰	（名）	jié	outstanding person	
			homme distingué par ses talents	
37. 俊	（形）	jùn	handsome; pretty	
			homme supérieur par ses talents et son jugement	
38. 才	（名）	cái	ability; talent	
			talent; habileté	

16

39. 辈	（名）	bèi	seniority in the family or clan; generation
			supériorité d'âge dans une famille ou un clan; généra- tion
40. 小名	（名）	xiǎomíng	pet name for a child; child- hood name
			nom d'enfance; petit nom
41. 大名	（名）	dàmíng	one's formal name
			nom (officiel) de personne
42. 字	（名）	zì	another name for person
			autre nom d'une personne
43. 号	（名）	hào	name
			surnom
44. 打破	（动）	dǎpò	break
			briser
35. 限制	（动）	xiànzhì	impose restrictions on; re- strict
			restreindre
46. 命名		mìngmíng	give a name
			nommer
47. 排列	（动）	páiliè	arrange
			ranger
48. 此外	（连）	cǐwài	besides
			de plus; en outre
49. 雄壮	（形）	xióngzhuàng	full of power and grandeur; majestic

17

grandiose；puissant；ma-
jestueux

50. 字眼　（名）zìyǎn　words

mot

51. 峰　（名）fēng　peak

sommet

52. 良　（形）liáng　good；fine

bon；honnête

53. 生　（动）shēng　grow

pousser；croître

54. 珍　（名）zhēn　jewellery

trésor；perle

55. 琴　（名）qín　a general name for certain
strianged musical instru-
ments

nom générique pour cer-
tains instruments musicaux
à cordes

56. 芬　（形）fēn　sweet smell；fragrant

odoriférant；parfumé

57. 重　（动）chóng　duplicate

doubler；répéter

专　名

1. 母系社会　Mǔxìshèhuì　matriarchal society

société matriarcale

2. 上古时代　Shànggǔshídài　ancient times
　　　　　　　　　　　　　　dans l'antiquité
3. 父系社会　Fùxìshèhuì　paternal society
　　　　　　　　　　　　　　société patriarcale
4. 宋朝　　　Sòngcháo　　Song Dynasty（960—1279）
　　　　　　　　　　　　　　dynastie des Song（960—1279）
5. 明朝　　　Míngcháo　　Ming Dynasty（1368—1644）
　　　　　　　　　　　　　　dynastie des Ming（1368—1644）

三、中国饭菜

中国饭菜花样繁多,味道鲜美,深受人们欢迎。象北京烤鸭、天津包子、涮羊肉、香酥鸡、燕窝汤等上百种饭菜,闻名中外。欧洲和美洲许多大城市也设有中国饭馆,经营中国饭菜。

中国地区广大,各地饭菜的特点有明显的区别。南方人以大米为主食,肉、鱼、鸡蛋、新鲜蔬菜是他们的主要副食。北方人以小麦、玉米、杂粮为主食,人们能把面粉做成上百种食品,如馒头、包子、饺子、馄饨、大饼、面条等。特别是饺子,不仅中国人爱吃,外国人也爱吃。据说十三世纪意大利旅行家马可·波罗①就把饺子的制作方法传到欧洲。北方的副食主要是肉、鸡蛋、蔬菜,冬天蔬菜较少。西北边疆地区,蔬菜则更缺乏,牛羊肉是主要副食。

中国各地饭菜的风味有很大差异。江苏、浙江、广东一带的人爱吃甜的,做菜离不开糖。北方人爱吃咸的,做菜时放盐较多。山东、湖南、四川一带的人爱吃辣的,葱、蒜、辣椒是做菜时常放的作料。山西人爱吃酸的,做菜少不了醋。所以人们说:"南甜、北咸、东辣、西酸"。广东人喜欢吃蛇肉,以蛇肉和狸子肉为原料的"龙虎斗"是广东名菜。上海人爱吃海味,能把鳝鱼和龟做成席上佳肴。

一日三餐是中国人长期形成的习惯。早饭较简单,常吃馒头、烧饼、油条、稀饭、豆浆、咸菜,午饭常吃米饭、馒头、花卷、炒菜,晚饭常吃包子、饺子、面条、大饼、炒菜。一天中总有一顿作为正餐,人们尽量多吃些,吃好些。

中国人非常好客。请客吃饭时往往准备十分充足的饭菜。主人请客人入座后,先陪客人喝酒。中国的名酒很多,如茅台、西凤、汾酒、五粮液等②。如果客人不会喝酒,可以喝汽水、桔子汁。下酒的菜除了用肉、鱼、鸡做的热菜以外,还有凉菜,如拼盘、炸虾片、炸花生米等。等酒喝足了,再上饭和别的热菜。最后用鸡汤或者鸡蛋汤结束一顿丰盛的宴席。饭后还要喝点茶,品尝一下茉莉花茶或者龙井茶,它们会使客人更感到酒足饭饱,舒适愉快。

中国人习惯用筷子吃饭。请客吃饭时,主人尽量劝客人多吃一些,不断地给客人斟酒、添饭、布菜。在客人吃完以前,主人即使已经吃饱,也要陪着客人吃,不能先放下筷子。宴席结束,丰盛的饭菜和好客的主人都给客人留下美好的回忆。

生　　词

1. 花样　　　（名）huāyàng　　variety

variété

2. 繁多　　　（形）fánduō　　numerous

nombreux

3. 味道　　　（名）wèidào　　(of food)smell; taste

goût; saveur

4. 鲜美　（形）xiānměi　delicious；tasty
exquis；délicieux
5. 烤鸭　　kǎoyā　roast duck
canard laqué
6. 包子　（名）bāozi　steamed stuffed bun
pain farci à la vapeur
7. 涮羊肉　shuànyáng　instant boiled mutton
ròu
mouton bouilli à l'instantané à
la marmite mongole
8. 香酥鸡　xiāngsūjī　crisp fried chicken
poulet cuit à la vapeur，puis
frit
9. 燕窝汤　yànwō tāng　edible bird's nest soup
soupe aux nids de salangane
10. 上百　shàngbǎi　up to a hundred
centaine
11. 闻名　（动）wénmíng　famous；well-known
être célèbre；jouir d'une
renommée
12. 设有　（动）shèyǒu　have；set up；establish
avoir；posséder
13. 经营　（动）jīngyíng　manage；run
tenir；faire fonctionner；ici：
préparer
14. 气候　（名）qìhòu　climate
climat
15. 明显　（形）míngxiǎn　obvious；evident

22

évident; visible

16. 主食　（名）zhǔshí　staple food; principal food

nourriture de base

17. 新鲜　（形）xīnxian　fresh

frais

18. 蔬菜　（名）shūcài　vegetables

légume

19. 副食　（名）fùshí　non-staple food

aliments secondaires

20. 玉米　（名）yùmǐ　maize

maïs

21. 杂粮　（名）záliáng　food grains other than wheat and rice

céréales secondaires, céréales diverses (opposées au blé et au riz)

22. 面粉　（名）miànfěn　wheat flour

farine de blé

23. 馒头　（名）mántou　steamed bun ; steamed bread

petit pain cuit à la vapeur

24. 饺子　（名）jiǎozi　dumpling (with meat and vegetable stuffing)

raviolis

25. 馄饨　（名）húntún　wonton, dumpling soup

soupe de raviolis; petits raviolis

26. 大饼　（名）dàbǐng　pancake

galette

27. 面条	（名）miàntiáo	noodles
		nouilles
28. 边疆	（名）biānjiāng	border area; borderland
		frontière
29. 缺乏	（动）quēfá	be short of
		manquer; faire défaut
30. 牛肉	（名）niúròu	beef
		viande de bœuf
31. 羊肉	（名）yángròu	mutton
		viande de mouton
32. 风味	（名）fēngwèi	special flavour; local flavour
		spécialité locale
33. 差异	（名）chāyì	difference
		différence
34. 甜	（形）tián	sweet
		sucré
35. 咸	（形）xián	salted
		salé
36. 葱	（名）cōng	Chinese onion
		ciboule; oignon vert
37. 蒜	（名）suàn	garlic
		ail（aulx）
38. 辣	（形）là	hot(ie. spicy)
		pimenté
39. 一带	（名）yídài	area
		alentour de; aux environs de;
		dans la région de
40. 酸	（形）suān	sour

aigre; acide

41. 作料　　（名）zuóliào　condiments; seasoning

condiment; épice; assaison-

nement

42. 醋　　　（名）cù　　　vinegar

vinaigre

43. 狸子　　（名）lízi　　leopard cat

chat sauvage

44. 原料　　（名）yuánliào　raw material

matière première

45. 龙虎斗　　lónghǔdòu　a famous Guangzhou dish

cooked with a special snake

and leopard cat

plat cantonais avec du serpent

et du chat sauvage

46. 海味　　（名）hǎiwèi　choice seafood

fruits de mer

47. 鳝鱼　　（名）shànyú　eel

anguille

48. 海龟　　（名）hǎiguī　green turtle

tortue marine

49. 席　　　（名）xí　　　banquet

banquet

50. 佳肴　　（名）jiāyáo　fine dishes

plat exquis; mets délicieux

51. 烧饼　　（名）shāobing　sesame seed cake

gâteau aux sésames

25

52. 油条　　　（名）yóutiáo　　deep-fried　twisted　dough
　　　　　　　　　　　　　　　　sticks

　　　　　　　　　　　　　　　　pâte frite

53. 稀饭　　　（名）xīfàn　　　rice or millet gruel；porridge

　　　　　　　　　　　　　　　　bouillie de riz

54. 豆浆　　　（名）dòujiāng　soya-bean milk

　　　　　　　　　　　　　　　　lait de soja

55. 咸菜　　　（名）xiáncài　　salted vegetables

　　　　　　　　　　　　　　　　légumes salés

56. 花卷　　　（名）huājuǎn　steamed twisted roll

　　　　　　　　　　　　　　　　petit pain feuilleté à la vapeur

57. 炒菜　　　　　　chǎocài　　a fried dish

　　　　　　　　　　　　　　　　plat sauté

58. 正餐　　　（名）zhèngcān　dinner；main meal

　　　　　　　　　　　　　　　　repas principal

59. 尽量　　　（副）jìnliàng　（drink or eat）to the full；to
　　　　　　　　　　　　　　　　one's heart's content

　　　　　　　　　　　　　　　　de son mieux

60. 好客　　　　　　hàokè　　hospitality

　　　　　　　　　　　　　　　　hospitalité

61. 充足　　　（形）chōngzú　adequate；sufficient

　　　　　　　　　　　　　　　　suffisant；ici：copieux

62. 陪　　　　（动）péi　　　accompany

　　　　　　　　　　　　　　　　accompagner

63. 桔子汁　　　　　júzizhī　orange juice

　　　　　　　　　　　　　　　　jus d'orange

64. 下酒　　　　　　xiàjiǔ　　go with wine

　　　　　　　　　　　　　　　　plat qu'on prend avec le vin

26

65. 凉菜	（名）liángcài	cold dish
		plat froid
66. 拼盘	（名）pīnpán	assorted cold dishes
		hors-d'œuvre
67. 炸虾片	zháxiāpiàn	fried prawn slice
		chips de crevette
68. 炸花生米	zháhuā shēngmǐ	fried shelled peanut
		cacahouète frite
69. 鸡汤	jītāng	chicken soup
		consommé au poulet
70. 鸡蛋汤	jīdàntāng	egg soup
		potage aux œufs
71. 丰盛	（形）fēngshèng	sumptuous
		somptueux；abondant；ici：copieux
72. 品尝	（动）pǐncháng	taste；sample
		savourer；goûter
73. 茉莉花茶	mòli huāchá	jasmine tea
		thé au jasmin
74. 龙井茶	lóngjǐngchá	a famous green tea produced in Hangzhou
		thé longjing（thé vert produit à Hangzhou）
75. 舒适	（形）shūshì	comfortable
		confortable
76. 筷子	（名）kuàizi	chopsticks

baguettes

77. 劝 （动）quàn urge; try to persuade
persuader; conseiller; exhorter

78. 斟 （动）zhēn pour (tea or wine)
verser(du vin ou du thé)

79. 添 （动）tiān add
ajouter

80. 布菜 bùcài add dishes for guests
servir des plats aux convives à table

81. 即使 （连）jíshǐ even if
quoique; même si

82. 美好 （形）měihǎo fine; happy; glorious
bon; excellent

83. 回忆 （名）huíyì recall
souvenir

专　名

1. 意大利 Yìdàlì Italy
Italie

2. 江苏 Jiāngsū Jiangsu Province
province du Jiangsu

3. 浙江 Zhèjiāng Zhejiang Province
province du Zhejiang

4. 山东	Shāndōng	Shandong Province
		province du Shantong
5. 山西	Shānxī	Shanxi Province
		province du Shanxi

注　释

①马可·波罗（Marco Polo，1254—1324）出生于威尼斯商人家庭，约于 1271 年随父、叔经两河流域、伊朗高原、越帕米尔，来东方。著有《马可·波罗游记》，书中叙述东方之富庶，文物之昌明。

Marco Polo （1254—1324） born into a Venetian merchant family, Polo accompanied his father and uncle to the Orient in 1271, crossing Mesopotamia, the Iranlan plateau and the Pamirs. His book "The Travels of Marco Polo" describes the teeming wealth and flourishing culture of the Orient.

Marco polo （1254—1324） naquit dans une famille de commerçants de Venise. En 1271 environ, il atteignit l'Orient avec son père et son oncle en traversant les bassins de deux fleuves (l'Euphrate et le Tigre), le plateau de l'Iran et le Pamir. Son œuvre *Le voyage de Marco Polo* montre un Orient riche et bien peuplé au patrimoine culturel florissant et prospère.

②茅台酒产于贵州省仁怀县茅台镇，西凤酒产于陕西省凤翔、宝鸡一带，汾酒产于山西省汾阳县，五粮液产于四川省宜宾市。

Maotai is produced in the town of that name in Renhuai County, Guizhou; Xifeng around Fengxiang and Baoji, Shaanxi;

Fenjiu in Fenyang County, Shanxi; and Wuliangye in Yibin City, Sichuan.

Le *Maotai* (une eau-de-vie) est produit dans le bourg de Maotai du district de Renhuai dans la province du Guizhou. Le *Xifeng* est produit dans les régions de Fengxiang et de Baoji, province du Shaanxi. Le *Fenjiu* est produit au district de Fenyang, province du Shanxi, tandis que le *Wuliangye* (alcool de cinq céréales) est produit à Yibin, dans la province du Sichuan.

四、北京的名菜馆和名菜

北京是个历史悠久的文化古城。北京的名菜馆和名菜在国内外享有盛誉。

具有清代宫廷风味的菜馆要数听鹂餐厅和仿膳饭庄。听鹂餐厅设在颐和园内,它的菜肴既保留着清廷宴会的特色,又显示了昆明湖的特点。著名的全鱼宴会,从凉菜到汤菜全部以活鱼为原料。夏天的冰糖莲子、荷叶黄鱼,秋天的菊花鱼锅都是最受欢迎的菜肴。这里设有水上餐厅(晚上也营业),在明亮的月光下,乘着小船,品尝着美味佳肴,欣赏着美丽的湖光山色,将会给你留下难忘的美好的印象。

仿膳饭庄是仿照清朝宫廷"御膳房"的烹调方法而取名的,设在北海公园内,据说是 1925 年由几个原是清宫"御膳房"的厨师创办的。该饭庄的菜肴制作精细,色彩美观,味道清淡。别具风味的小窝头就出自这个饭庄。关于小窝头的来历,有这样一个传说:八国联军①侵入北京,慈禧太后②慌忙外逃,在路上饿了,有人献上一个窝头,她觉得好吃,后来回到北京,御膳房的厨师便仿照民间的大窝头,精心制成小糖窝头,成为慈禧太后最喜欢吃的一种甜食。

北京全聚德烤鸭店,创建于 1866 年,现在在和平门有一个烤鸭大楼,在前门大街和王府井大街等地还设有烤鸭分店。北京烤鸭是一种风味特别的传统名菜,它以北京填鸭为原料,烤出来的鸭子皮脆肉嫩,常吃不腻。

　　顾客要是喜欢四川风味的菜可以到四川饭店。该饭店设在宣武门内,最出名的菜有怪味鸡、麻辣豆腐等。顾客要是想吃山东风味的菜可以到丰泽园饭庄。该饭庄设在珠市口,创建于1930年,最擅长做山珍海味名菜,如砂锅鱼翅、清汤燕窝等。以山西风味著称的晋阳饭庄,也设在珠市口,这儿原是清代纪晓岚③的住宅,香酥肥鸭是这个饭庄的拿手菜。

　　著名的清真饭馆要数鸿宾楼饭庄和东来顺饭庄。鸿宾楼饭庄设在西单,创建于1900年,原来在天津,1959年迁来北京,以做清真教席的小吃闻名。该饭庄烹调技术高,可以做"全羊席"。东来顺饭庄以涮羊肉著称,创建于1903年,所用羊肉是内蒙古一种小尾巴绵羊的最好部位,把肉切成薄片,放入火锅的沸水中,蘸上调料,边涮边吃,味道鲜美,历来为顾客所称赞。

　　前门大街的月盛斋是个专门出售酱牛羊肉的食品店。该店创建于1765年,这儿制作的酱牛羊肉"肥肉不腻,瘦肉不柴,不腥不膻,香味醇正",驰名国内外。

生　词

1. 菜馆　　　(名)càiguǎn　　　restaurant

32

restaurant

2. 悠久　　　（形）yōujiǔ　　long; long-standing

long; de longue durée

3. 享有　　　（动）xiǎngyǒu　　enjoy （rights, prestige, etc.）

jouir de

4. 盛誉　　　（名）shèngyù　　great fame; high reputation

grand renom; brillante réputation

5. 宫廷　　　（名）gōngtíng　　palace

cour; palais

6. 菜肴　　　（名）càiyáo　　dish

mets; plat

7. 既…又…　　jì…yòu…　　…and also…; as well as…

aussi bien…que

8. 保留　　　（动）bǎoliú　　continue to have; retain

conserver

9. 宴会　　　（名）yànhuì　　banquet

banquet

10. 特色　　　（名）tèsè　　characteristic; distinguishing feature

caractéristique; particularité; cachet; spécialité

11. 显示　　　（动）xiǎnshì　　show

manifester; se montrer

33

12. 冰糖莲子　　　bīngtángliánzǐ　　a dish cooked with crys-
　　　　　　　　　　　　　　　　tal sugar and lotus seeds
　　　　　　　　　　　　　　　　graines de lotus au sucre
　　　　　　　　　　　　　　　　candi

13. 荷叶黄鱼　　　héyèhuángyú　　steamed yellow croaker
　　　　　　　　　　　　　　　　wrapped in a lotus leaf
　　　　　　　　　　　　　　　　daurade cuite à la vapeur
　　　　　　　　　　　　　　　　couverte de feuilles de lo-
　　　　　　　　　　　　　　　　tus

14. 菊花鱼锅　　　júhuāyúguō　　a dish cooked with fish
　　　　　　　　　　　　　　　　and chrysanthemum
　　　　　　　　　　　　　　　　poisson au chrysanthème
　　　　　　　　　　　　　　　　cuit dans une marmite

15. 餐厅　　（名）cāntīng　　　restaurant
　　　　　　　　　　　　　　　　restaurant

16. 明亮　　（形）míngliàng　　light; bright
　　　　　　　　　　　　　　　　brillant; clair

17. 乘　　（动）chéng　　　　ride
　　　　　　　　　　　　　　　　prendre

18. 欣赏　　（动）xīnshǎng　　enjoy; appreciate
　　　　　　　　　　　　　　　　admirer; apprécier

19. 湖光山色　　　húguāngshānsè　scenery of lake and
　　　　　　　　　　　　　　　　mountain
　　　　　　　　　　　　　　　　paysage de lac et de mon-
　　　　　　　　　　　　　　　　tagne

20. 仿照　　（动）fǎngzhào　　imitate; follow
　　　　　　　　　　　　　　　　imiter; pasticher

21. 烹调　　（动）pēngtiáo　　cook (dishes)

34

			cuisiner
22. 据说		jùshuō	it is said
			on dit
23. 厨师	（名）	chúshī	cook
			cuisinier
24. 该	（代）	gāi	this; that; the abovementioned
			ce, cette
25. 创办	（动）	chuàngbàn	establish; set up
			créer; établir
26. 精细	（形）	jīngxì	fine; meticulous
			fin; méticuleux
27. 色彩	（名）	sècǎi	colour
			couleur
28. 美观	（形）	měiguān	pleasing to the eye; beautiful
			beau; joli
29. 清淡	（形）	qīngdàn	light; not greasy or strongly flavoured
			délicat; léger
30. 别有风味		biéyǒufēngwèi	have a distinctive flavour
			avoir une saveur distinctive
31. 窝头	（名）	wōtóu	steamed corn-bread
			pain de maïs, ou de millet, de soja cuit à la vapeur, en forme de nid d'oiseau

32. 来历	（名）láilì	origin; source; past history
		origine; provenance
33. 慌忙	（形）huāngmáng	in a flurry; in a great rush
		à la hâte; précipitamment
34. 逃走	（动）táozǒu	run away
		prendre fuite; s'enfuir
35. 献	（动）xiàn	offer; present
		offrir
36. 民间	（名）mínjiān	among the people
		parmi le peuple
37. 精心	（形）jīngxīn	meticulously; painstakingly
		méticuleux; soigneux
38. 填鸭	tiányā	force—fed duck
		gaver un canard
39. 脆	（形）cuì	crisp
		croquant
40. 嫩	（形）nèn	tender
		tendre
41. 腻	（形）nì	greasy; oily
		graisseux; gras
42. 顾客	（名）gùkè	customer; shopper
		client
43. 怪味鸡	guàiwèijī	a cold chicken dish with an unusual taste

36

poulet cuit avec une saveur bizarre

44. 麻辣豆腐   málàdòufu   a dish cooked with bean curd and hot pepper

fromage de soja au piment

45. 擅长   （动）shàncháng   be good at; be expert at

exceller à

46. 山珍海味   shānzhēn hǎiwèi   delicacies from land and sea

mets précieux; plats recherchés

47. 砂锅鱼翅   shāguōyúchì   a soup cooked in a casserole with shark's fin

aileron de requin cuit dans une marmite de céramique

48. 清汤燕窝   qīngtāngyànwō   a soup cooked with edible bird's nest

consommé aux nids de salanganes

49. 著称   （动）zhùchēng   be noted for; be known for

se distinguer par; être connu pour

50. 住宅   （名）zhùzhái   residence

résidence

51. 香酥肥鸭   xiāngsūféiyā   crisp fried fat duck

			canard fumé et frit au bois de camphrier
52.	清真	qīngzhēn	Islam; Muslim islamisme; musulman
53.	数	(动) shǔ	be reckoned as exceptionally (good, bad, etc.) être le plus...
54.	迁	(动) qiān	move transférer
55.	清真教席	qīngzhēn jiàoxí	Muslim feast festin musulman
56.	小吃	(名) xiǎochī	snack; refreshments repas léger; collation légère
57.	绵羊	(名) miányáng	sheep mouton
58.	尾巴	(名) wěiba	tail queue
59.	部位	(名) bùwèi	position; place position; partie
60.	切	(动) qiē	cut couper
61.	薄片	(名) báopiàn	thin slice tranche
62.	火锅	(名) huǒguō	chafing dish

marmite avec au centre un réchaud（pour cuire ou tenir chaud les mets à table）

63. 沸水	（名）fèishuǐ	boiling water eau bouillie
64. 蘸	（动）zhàn	dip in tremper；imbiber
65. 调料	（名）tiáoliào	condiment condiment
66. 历来	（副）lìlái	always；all through the ages depuis toujours
67. 称赞	（动）chengzàn	praise faire l'éloge de；exalter
68. 专门	（形）zhuānmén	special spécial
69. 出售	（动）chūshòu	sell vendre
70. 酱牛羊肉	jiàngniú yángròu	beef and mutton cooked in soy sauce viande de bœuf et de mouton cuite à la sauce de soja
71. 肥	（形）féi	fat lard；gras
72. 瘦	（形）shòu	lean maigre

73. 柴	（形）chái	tough; sinewy
		coriace
74. 腥膻	xīngshān	smelling of fish or mut-ton
		odeur forte de poisson ou de mouton
75. 醇正	（形）chúnzhèng	rich and fine
		suave et pur
76. 驰名	（动）chímíng	known far and wide; well-known
		jouir d'un renom

专　名

1. 清代	Qīngdài	Qing Dynasty（A. D. 1644——1911）
		dynastie des Qing（1644—1911）
2. 听鹂餐厅	Tīnglícāntīng	Tingli Restaurant
		Restaurant Tingli
3. 仿膳饭庄	Fǎngshànfànzhuāng	Fangshan Restaurant
		Restaurant Fang-shan
4. 御膳房	Yùshànfáng	the imperial kitchen
		cuisine impériale

5. 北京烤鸭店	Běijīngkǎoyādiàn	the Beijing Roast Duck Restaurant
		Restaurant du Canard laqué de Beijing
6. 和平门	Hépíngmén	Hepingmen (name of a gate)
		Hepingmen (nom de porte)
7. 宣武门	Xuānwǔmén	Xuanwumen (name of a gate)
		Xuanwumen (nom de porte)
8. 丰泽园饭庄	Fēngzéyuánfànzhuāng	Fengzeyuan Restaurant
		Restaurant Fengzeyuan
9. 珠市口	Zhūshìkǒu	Zhushikou Street
		Zhushikou (nom de quartier)
10. 晋阳饭庄	Jìnyángfànzhuāng	Jinyang Restaurant
		Restaurant Jinyang
11. 鸿宾楼饭庄	Hóngbīnlóufànzhuāng	Hongbinlou Restaurant
		Restaurant Hongbinlou
12. 东来顺饭庄	Dōngláishùnfànzhuang	Donglaishun Restaurant

41

13. 月盛斋　　　　Yuèshèngzhāi

Restaurant Donglai-
shun
Yueshengzhai shop
Yueshengzhai （nom
de charcuterie）

注　解

①八国联军：1900 年德、日、俄、英、美、法、奥、意八国为了扑
灭中国义和团反对帝国主义的运动而组成的侵略军队。

The Army of the Eight Allies: an army formed by Ger-
many, Japan, Russia, Britain, America, France, Austria and I-
taly in 1900 to put down the anti-imperialist Boxer Movement in
China.

Les forces coalisées des Huit Puissances: En 1900,
l'Allemagne, le Japon, la Russie, la Grande-Bretagne, les Etats-
Unis d'Amérique, la France, l'Autriche-Hongrie et l'Italie
organisèrent des forces coalisées afin d'étouffer le mouvement an-
ti-impérialiste des Yihetuan(mouvement des Boxeurs) de Chine.

②慈禧太后：(1835－1908)，那拉氏，清朝咸丰皇帝的妃子，同
治、光绪在位时，曾"垂帘听政"，是中国历史上有名的骄奢淫逸的
皇后。

The Dowager Empress Cixi (1835—1908): Lady Nala, an
empress of China renowned in history for her extravagance and
dissipation. A concubine of the Qing emperor Xianfeng, she "
gave audience behind the curtain" (i. e. usurped power) during

42

the reigns of Tongzhi and Guangxu.

L'impératrice douairière Cixi（1835—1908）：Appelée Madame Nala，elle avait été une favorite de l'empereur Xianfeng de la dynastie des Qing．Sous le règne de Tongzhi et de Guangxu，elle assistait aux débats sur les affaires d'Etat derrière un rideau．C'est une impératrice douairière connue dans l'histoire chinoise pour sa vie de luxe et la débauche.

③纪晓岚：(1724—1805)清朝学者，文学家。曾任四库全书馆总纂官，纂定《四库全书总目提要》。

Ji Xiaolan（1724—1805）：a scholar and man of letters of the Qing Dynasty，who was editor in chief of the Bibliography Press and compiled the *General Outline of Bibliography*.

Ji Xiaolan(1724—1805)：Erudit，écrivain de la dynastie des Qing，il était rédacteur en chef de la Bibliothèque des "Quatre dépôts"．Il compila *Le sommaire du catalogue général des quatre dépôts*.

五、茶　叶

　　中国是茶叶的原产地，是世界上最早发现并利用茶树的国家之一。在古代，人们最初是采集野生茶叶作药用，后来进而作饮料；并且逐渐学会种茶树。秦汉时代，茶树的种植已从四川、云南一带慢慢向各地传播。到了唐代，茶树的种植已经扩展到长江流域的十几个省。在长期的实践中，人们对种茶制茶和饮茶积累了丰富的经验，出现了茶书。唐代陆羽于公元780年编写完毕的《茶经》①就是其中最完备的一部。

　　茶叶的品种很多。大的品种有红茶、绿茶、乌龙茶、花茶、白茶和紧压茶。这些大的品种之中，又有许多小的品种。各种茶叶的制作方法不同。红茶要经过充分发酵，所以叫发酵茶。绿茶不经过发酵，所以叫不发酵茶。乌龙茶不需要充分发酵，又叫半发酵茶。花茶是用红茶、绿茶和乌龙茶作原料，用各种花熏制而成。白茶是把几种特殊品种的茶树嫩芽和嫩叶混在一起，直接焙干而成。紧压茶是用各种毛茶配合后，经过蒸压处理而成，有圆形，方形、砖形等。

　　中国的名茶相当多。红茶中以祁门红茶②最出色。绿茶中以西湖龙井③、苏州碧螺春④、黄山毛峰⑤、六安瓜片⑥等最著名。乌龙茶中以福建武夷岩茶⑦最有名。福建的茉莉茶⑧是花茶中的"魁首"。白毫银针⑨是白茶中的上品。最好的紧压茶要数普洱茶⑩和六堡茶⑪。

自古名茶伴名泉。比如西湖龙井茶用虎跑泉水泡饮方显珍奇。"龙井茶,虎跑水"名扬国内外。

在中国,喝茶已经成为人们的一种习惯。人们常常用茶水招待客人。中国地区广大,各地喝茶的习惯也不同。一般说来,北方人爱喝花茶,南方人爱喝绿茶。北京、上海、天津、杭州等城市的人尤其喜欢喝龙井茶和碧螺春。福建、广东一带的人最爱喝乌龙茶。边疆各少数民族大都喝紧压茶。蒙古人喝茶,一般是在茶水里放入奶和盐,成为奶茶。藏族人喝茶,往往在茶水中加入酥油和盐,成为酥油茶。

早在一千五百多年前,中国茶叶就开始运往亚洲一些地区,三百多年前,中国茶叶又运往欧洲一些国家。现在全世界有四十多个国家和地区种茶,以茶叶为出口商品的有二十多个国家。这些国家茶叶生产的兴起,都直接或间接地来源于中国。所以中国被称为"茶叶的故乡"。现在世界上"茶"的名称,大都是从中国人称呼的"茶"或"茶叶"的音译过去的。日语中茶字的书写就是汉字的"茶"。英语中"Tea"(茶)字,就是从厦门音"茶"(TE)音转变的。茶树最早的学名 —— Thea sinensis,即是"中国茶"的意思。

生　　词

1. 产地　　　　（名）chǎndì　　　place of production
　　　　　　　　　　　　　　　　région productrice

2. 利用　　　　（动）lìyòng　　　use
　　　　　　　　　　　　　　　　utiliser

3. 采集　　　　（动）cǎijí　　　gather；collect
　　　　　　　　　　　　　　　　collectionner；recueillir

4. 野生　　　　　　　yěshēng　　wild
　　　　　　　　　　　　　　　　sauvage

5. 进而　　　　（连）jìn'ér　　further more
　　　　　　　　　　　　　　　　de plus

6. 饮料　　　　（名）yǐnliào　　drink；beverage
　　　　　　　　　　　　　　　　boisson

7. 逐渐　　　　（副）zhújiàn　　gradually
　　　　　　　　　　　　　　　　graduellement；petit à petit

8. 风气　　　　（名）fēngqì　　general　mood；common
　　　　　　　　　　　　　　　　practice
　　　　　　　　　　　　　　　　mode；mœurs；coutumes

9. 扩展　　　　（动）kùozhǎn　expand
　　　　　　　　　　　　　　　　étendre；élargir

10. 种植　　　（动）zhòngzhí　plant；grow
　　　　　　　　　　　　　　　　planter；cultiver

11. 传播　　　（动）chuánbō　spread
　　　　　　　　　　　　　　　　propager；répandre

46

12. 流域	（名）liúyù	valley
		bassin d'une rivière
13. 加工	（动）jiāgōng	process
		façonner; traiter
14. 积累	（动）jīlěi	accumulate
		accumuler
15. 丰富	（形）fēngfù	rich
		riche
16. 公元	（名）gōngyuán	the Christian era
		ère chrétienne
17. 完备	（形）wánbèi	complete; perfect
		complet; parfait
18. 品种	（名）pǐnzhǒng	(of goods , etc.) variety
		variété
19. 充分	（形）chōngfèn	full
		plein
20. 发酵	（动）fājiào	ferment
		fermenter
21. 红茶	（名）hóngchá	black tea
		thé noir
22. 绿茶	（名）lùchá	green tea
		thé vert
23. 乌龙茶	（名）wūlóngchá	Oolong tea
		thé Wulong
24. 花茶	（名）huāchá	scented tea
		thé au jasmin
25. 白茶	（名）báichá	a kind of tea
		thé blanc

47

26. 紧压茶　　　（名）jǐnyāchá　　　brick tea

thé pressé en forme ronde, carrée ou en brique

27. 熏制　　　　（动）xūnzhì　　　fumigate （sth. With jasmine, etc.）

fumer

28. 芽　　　　　（名）yá　　　　　bud

germe

29. 混　　　　　（动）hùn　　　　mix

mêler; mélanger

30. 直接　　　　（形）zhíjiē　　　direct

direct

31. 焙干　　　　　　　bèigān　　　dry over a slow fire

faire sécher à petit feu

32. 毛茶　　　　（名）máochá　　　semifinished tea

thé non-traité

33. 蒸　　　　　（动）zhēng　　　steam

cuire à la vapeur

34. 压　　　　　（动）yā　　　　　press

presser

35. 处理　　　　（动）chǔlǐ　　　process

traiter

36. 砖　　　　　（名）zhuān　　　brick

brique

37. 形状　　　　（名）xíngzhuàng　　form; shape

forme

38. 相当　　　　（副）xiāngdāng　　quite; fairly

assez; relativement

39. 出色	（形）chūsè	outstanding	
		éminent；remarquable	
40. 魁首	（名）kuíshǒu	the brightest and best	
		le premier；le meilleur	
41. 上品	（名）shàngpǐn	highest grade	
		de gamme supérieure	
42. 伴	（动）bàn	accompany	
		accompagner	
43. 泉	（名）quán	spring（water）	
		source；fontaine	
44. 方	（副）fāng	only then；only just	
		seulement；ne… que…	
45. 显	（动）xiǎn	show	
		manifester；montrer	
46. 珍奇	（形）zhēnqí	rare	
		rare et précieux	
47. 扬	（动）yáng	spread	
		propager；répandre	
48. 招待	（动）zhāodài	receive（guests）	
		recevoir；accueillir（des hôtes，des visiteurs）	
49. 尤其	（副）yóuqí	especially；particularly	
		en particulier；surtout	
50. 奶茶	（名）nǎichá	tea with milk	
		thé au lait	
51. 酥油茶	（名）sūyóuchá	tea with butter	
		thé au beurre	
52. 种子	（名）zhǒngzi	seed	

			semence
53. 出口	（动）	chūkǒu	export
			exporter
54. 商品	（名）	shāngpǐn	commodity；goods
			marchandise
55. 兴起	（动）	xīngqǐ	rise
			se développer；prospérer
56. 间接	（形）	jiànjiē	indirect
			indirect
57. 故乡	（名）	gùxiāng	native place
			pays natal
58. 大都	（副）	dàdū	for the most part；mostly
			pour la plupart
59. 转变	（动）	zhuǎnbiàn	change；transform
			changer；transformer
60. 学名	（名）	xuémíng	scientific name
			nom scientifique
61. 即	（动）	jí	be；mean
			c'est-à-dire；signifier

专　名

1. 秦汉	Qín Hàn	Qin Dynasty （221—206B. C.）and Han Dynasty （206 B. C.——A. D. 220）

		Dynastie des Qin（221— 206 av. J.-C.）et dynastie des Han（206 av. J.-C.— 220）
2. 虎跑泉	Hǔpǎoquán	name of a famous spring nom d'une source （à Hangzhou）
3. 福建	Fújiàn	Fujian Province province du Fujian
4. 厦门	Xiàmén	Xiamen（Amoy）City Xiamen（Amoy）

注　释

①陆羽《茶经》,是一部关于茶事的百科全书。分三卷。卷上讲茶的起源、性状、名称,采茶和制茶的用具以及茶叶的种类和制作方法。卷中列举煮茶、饮茶的器具。下卷讲烹茶的方法、各地水质的优劣及饮茶的风俗等。

The Book of Tea by Lu Yu：an encyclopaedia on the subject of tea，divided into three volumes. The first treats the origin，nature and nomenclature of tea，the implements used in picking and producing it and the varieties of tea leaf along with their methods of production；the second enumerates the vessels for making and drinking tea；and the third treats such things as the manner of preparing tea，the merits or otherwise of local waters and customs associated with tea-drinking.

51

Le Livre du thé rédigé par Lu Yu：C'est une encyclopédie du thé，en trois volumes. Dans le premier volume，on traite de la provenance，des caractéristiques et du nom du thé，des ustensiles de la cueillette et de la fabrication，ainsi que des variétés et de leur fabrication. Dans le deuxième volume，on énumère les ustensiles servant à cuire et à infuser le thé. Dans le dernier volume，on expose les méthodes de cuisson，les qualités de l'eau de diverses localités et les mœurs et coutumes liées à la consommation du thé.

② 祁门红茶：产于安徽省祁门县。自唐开始，祁门就盛产茶叶，所产"雨前高山茶"就相当有名。1876 年曾在巴拿马国际博览市场上荣获金质奖。英国人最喜爱祁红，皇家贵族都以它作为时髦饮料，称之为"群芳最"，

Qimen (Keemun) black tea：grown in Qimen County in Anhui，where tea has been abundant ever since the Tang Dynasty，the tea called ″"雨前高山茶" being a fairly well-known product which won a gold medal at the Panama International Fair in 1876. Qimen （Keemun） is particularly popular in Britain，where，renowned as″"群芳最"，it is a fashionable drink with the royal family and aristocracy.

Le thé noir de Qimen：Il est produit dans le district de Qimen，province de l'Anhui. Dès la dynastie des Tang(618—907)，Qimen produit beaucoup de thé，dont le plus célèbre est appelé "雨前高山茶"(le thé de la montagne cueilli avant la pluie des céréales) qui reçut la médaille d'or en 1876 à la Foire internationale de Panama. Le thé noir que les Anglais aiment le plus est celui de Qimen. L'aristocratie et la famille royale le considèrent comme une boisson à la mode qui est renommée "群芳最"(la meilleure parmi les meilleures).

③西湖龙井：产于浙江省杭州西湖。一向以"色绿、香郁、味醇、形美"四绝著称。

West Lake Dragon Well: Grown on the West Lake at Hangzhou in Zhejiang, this tea has always been celebrated for four unique qualities——its green colour, its excellent fragrance, its mellow flavour and the attractive shape of its leaf.

Le *Longjing* du lac de l'Ouest: Il est produit aux environs du lac de l'Ouest à Hangzhou, province du Zhejiang. Le *Longjing* est bien connu pour sa couleur verte, son arôme, son goût fort et suave et sa jolie forme.

④ 碧螺春：产于江苏省吴县太湖洞庭山。是高级传统工艺茶。具有色香味形俱美的独特风格。

Biluochun: a high-grade, traditionally processed tea grown in the Dongting Hills by Lake Tai in Wu County, Jiangsu, this tea possesses a unique style showing fine colour, fragrance, flavour and leaf shape.

Le *Biluochun*: Il est produit dans la montagne Dongting près du lac Taihu dans le district de Wuxian, province du Jiangsu. Fabriqué avec une méthode traditionnelle et une haute technique, le *Biluochun* a ses particularités de couleur, d'arôme, de goût et de forme (les feuilles sont roulées en spirales).

⑤毛峰茶：产于安徽省黄山。约在 1875 年，毛峰产的茶就有名。该茶制作精细，可与碧螺春媲美。

Maofeng tea: grown at Huangshan in Anhui, and well-known since about 1875, this is a tea which rivals Biluochun for meticulous production.

Le thé *Maofeng* est puoduit aux monts Huangshan, dans la

puovince de l'Anhui. En 1875 environ, le *Maofeng* était déjà célèbre. C'est un thé fabriqué avec un soin méticuleux. Il peut soutenir la comparaison avec le *Biluochun*.

⑥六安瓜片：产于安徽省大别山区。是著名的绿茶品种之一。

Liu' an Guapian: a renowned green tea grown around the Dabie mountains in Anhui.

Le *Liu'an Guapian*, produit dans la région des monts Dabie, est un des thés verts les plus connus.

⑦武夷岩茶：产于福建省武夷山。素享盛名。自十八世纪运销欧美国家后，博得人们的普遍喜爱。

Wuyi Yancha: a tea of established reputation grown in the Wuyi mountains of Fujian which has gained extremely widespread popularity since its introduction into the American and European markets in the eighteenth century.

Le thé *Wuyiyan*, produit aux monts Wuyi, dans la province du Fujian, jouit d'une brillante réputation depuis toujours. Dès le XVIIIe siècle, le thé *Wuyiyan* fut exporté en Europe et en Amérique, il est très apprécié.

⑧茉莉花茶：产于福建省福州。它的香气浓郁，味醇耐泡，产量约占花茶总量的半数以上。

Jasmine tea: a tea grown in Fuzhou, Fujian, whose powerful fragrance and rich flavour can stand several infusions and which accounts for over half the production of flowered tea .

Le thé au jasmin est produit à Fuzhou, province du Fujian. Il dégage un arôme exquis, et grâce à son goût marqué, il peut être infusé à plusieurs reprises. La production du thé au jasmin occupe plus de la moitié de la production totale du thé aux fleurs.

⑨白毫银针：产于福建省北部。它的芽长近寸，覆被白毫，香气

清鲜，为白茶珍品。

Baihao Yinzhen: grown in northern Fujian; it has buds nearly an inch long, covered in white down, and a clear, fresh aroma.

Le *Baihao yinzhen* (aiguilles d'argent) est produit daus le nord de la province du Fujian. Les fines feuilles, longues d'un *cun* (3,3 cm), sont couvertes de duvet argenté, et dégagent un arôme délicat et suave. C'est le meilleur thé blanc.

⑩普洱茶：产于云南省南部。茶性温和，品质好，具有较大药效，可醒酒、消食、化痰。

Pu'er tea: mild quality tea , grown in southern Yunnan, of considerable medicinal value as a digestive, for reducing phlegm and for sobering-up.

Le thé *Pu'er* est produit dans le sud de la province du Yunnan. Tendre et de bonne qualité, il a une efficacité puissante comme remède. On s'en sert pour dessoûler, faire digérer et expectorer.

⑪六堡茶：产于广西壮族自治区。已有一千五百年的制作历史。它品质优异，香气纯正，堪与武夷岩茶媲美。

Liubaocha: grown in the Guangxi Zhuang Autonomous Region, with a history of one thousand five hundred years of production; its outstanding quality and purity of aroma bear comparison with Wuyi Yancha.

Le thé *Liubao* est produit dans la région autonome Zhuang du Guangxi . Son histoire remonte à 1 500 ans. Ce thé de qualité, d'un arôme suave, peut soutenir la comparaison avec le thé *Wuyiyan*.

六、 四 大 发 明

　　中华民族在漫长的历史发展中创造了灿烂的古代文化。造纸、印刷、指南针和火药的发明，是辉煌的科学技术成果，也是中国对世界文明的伟大贡献。

　　中国的文字已有近六千年的历史了。在纸发明以前，人们把字刻在乌龟壳和牛骨上，刻在竹片和木片上。这些东西很笨重，携带不方便。后来人们用丝绵制成了一种纸，还用大麻和苧麻制成植物纤维纸①。这两种纸价钱较贵，不能大量生产。东汉时蔡伦(？——121)总结了前人的经验，于公元二世纪初，发明了用树皮、破布、破鱼网造纸的方法。这种纸价钱便宜，轻薄耐用，深受欢迎。蔡伦造纸法很快传到全国各地，后来又传到朝鲜、日本和欧洲。

　　书籍是人类进步的阶梯。在印刷术发明以前，人们用手抄书，那时要得到一本书是很不容易的。公元四世纪，人们学会了用纸在石碑上拓印的方法。到了唐代，发明了雕版印刷，即把字刻在木板上，涂上墨，用纸覆在上边，一页书就印好了。这种方法提高了印刷速度，可是不能继续用它排印别的书。到了十一世纪，北宋时毕升(？—约1051)发明了活字印刷。他把字刻在一个个用胶泥做成的长方体上，用火烧硬，这就成了一个个活字。印书时，把它们排在一块铁板上，涂上墨就可以印刷了。印完后，把活字拆卜来，还可以排印别的书。毕升的胶泥活字印刷为以后的铅字活字印刷铺平了道路。他的贡献是非常了不起的，影响是很大的。这种方法不久传到朝鲜，后来又传到日本、越南和欧洲。

指南针是指示方向的工具。两千多年以前，中国的劳动人民就发现了能吸铁的磁石，如果把磁石吊起来，它的一头就指向南方，另一头则指向北方。人们根据磁石的这种特性，发明了各种指南工具。最早的指南工具形状象把勺子，后来又发明了指南鱼，以后又在实践中制造出指南针。指南针于北宋时传到阿拉伯和欧洲一些国家。指南针的发明，促进了航海事业的发展，也促进了各国之间的文化交流。

火药的发明与炼丹有直接关系。所谓炼丹，就是人们力图用矿物炼出一种长生不老的药。这本来是不能实现的事情，但是通过炼丹，积累了很多冶炼经验和化学知识。后来人们用硝石，硫磺和木炭，按照一定的比例，制造出一种黑火药。黑火药的制造方法，南宋时传到阿拉伯，后来又传到欧洲。火药的发明促进了军事工业和经济的发展。

生　词

1. 漫长　　　　（形）màncháng　　　very long
　　　　　　　　　　　　　　　　　long

2. 灿烂　　　　（形）cànlàn　　　splendid；bright
　　　　　　　　　　　　　　　　brillant；splendide

3. 印刷　　　　（动）yìnshuā　　　print
　　　　　　　　　　　　　　　　imprimer

4. 指南针　　　（名）zhǐnánzhēn　　compass
　　　　　　　　　　　　　　　　boussole

5. 火药　　　　（名）huǒyào　　　　gunpowder；powder
　　　　　　　　　　　　　　　　poudre；explosif

6. 辉煌　　　　（形）huīhuáng　　　brilliant；splendid
　　　　　　　　　　　　　　　　brillant；éclatant；resplen-
　　　　　　　　　　　　　　　　dissant

7. 成果　　　　（名）chéngguǒ　　　achievement
　　　　　　　　　　　　　　　　fruit；réalisation

8. 文明　　　　（名）wénmíng　　　culture；civilization
　　　　　　　　　　　　　　　　civilisation

9. 乌龟壳　　　　　　wùguīkér　　　tortoiseshell
　　　　　　　　　　　　　　　　écaille de tortue

10. 牛骨　　　　　　　niúgǔ　　　　ox bone
　　　　　　　　　　　　　　　　os de bœuf

11. 刻　　　　　（动）kè　　　　　carve；engrave
　　　　　　　　　　　　　　　　graver

12. 竹片　　　　（名）zhúpiàn　　　bamboo clappers
　　　　　　　　　　　　　　　　tablette de bambou

13. 木片　　　　（名）mùpiàn　　　board；plank
　　　　　　　　　　　　　　　　tablette de bois

14. 笨重　　　　（形）bènzhòng　　　heavy
　　　　　　　　　　　　　　　　lourd；pesant

15. 携带　　　　（动）xiédài　　　　carry

porter

16. 丝绵　　（名）sīmián　　silk floss; silk wadding

bourre de soie

17. 大麻　　（名）dàmá　　hemp

chanvre

18. 苎麻　　（名）zhùmá　　ramie

ramie

19. 植物　　（名）zhíwù　　plant

plante

20. 纤维　　（名）xiānwéi　　fibre

fibre

21. 鱼网　　（名）yúwǎng　　fishnet

filet de pêche

22. 耐　　（动）nài　　be able to bear or endure

résister à l'usage

23. 阶梯　　（名）jiētī　　stair; a flight of stairs

marche; échelle

24. 抄　　（动）chāo　　copy; transcribe

copier

25. 石碑　　（名）shíbēi　　stone tablet

stèle

26. 拓印　　（动）tàyìn　　make rubbings from in-
scriptions, pictures, etc.
on stone tablets or bronze
vessels

estamper une inscription
lapidaire (en prendre
l'empreinte sur papier)

59

27. 雕版	（名）diāobǎn	cut blocks for printing	
		graver sur une planche de bois	
28. 涂	（动）tú	apply；smear	
		enduire	
29. 墨	（名）mò	Chinese ink	
		encre de Chine	
30. 覆	（动）fù	cover	
		couvrir	
31. 排印	（动）páiyìn	typesetting and printing	
		composer et imprimer；met-tre sous presse	
32. 活字	（名）huózì	type；letter	
		caractères mobiles	
33. 胶泥	（名）jiāoní	clay	
		glaise	
34. 长方体	chángfāngtǐ	rectangular parallelepiped	
		rectangle	
35. 硬	（形）yìng	hard	
		dur	
36. 拆	（动）chāi	take apart	
		démolir	
37. 指示	（动）zhǐshì	indicate；point out	
		indiquer；montrer	
38. 磁石	（名）císhí	magnetite	
		aimant	
39. 吊	（动）diào	hang	
		suspendre	

60

40. 特性	（名）tèxìng	specific property (or characteristic)	
		caractéristique; particularité	
41. 勺子	（名）sháozi	spoon; ladle	
		cuillère	
42 航海	hánghǎi	navigation	
		navigation	
43. 炼丹	liàndān	(try to) make pills of immortality (as a Taoist practice)	
		préparer la pilule d'immortalité (une pratique taoïste)	
44. 矿物	（名）kuàngwù	mineral	
		minéral	
45. 力图	（动）lìtú	try hard to	
		s'efforcer de	
46. 冶炼	（动）yěliàn	smelt	
		fondre	
47. 化学	（名）huàxué	chemistry	
		chimie	
48. 硝石	（名）xiāoshí	nitre	
		nitre	
49. 硫磺	（名）liúhuáng	sulphur	
		soufre	
50. 木炭	（名）mùtàn	charcoal	
		charbon de bois	
51. 军事	（名）jūnshì	military affairs	

专 名

1. 东汉   Dōng Hàn   the Eastern Han Dynasty (25 — 220)

dynastie des Han de l'Est (25 — 220)

2. 蔡伦   Cài Lún   name of a person

nom de personne

3. 唐代   Tángdài   Tang Dynasty (618 — 907)

dynastie des Tang （618 — 907)

4. 毕升   Bì Shēng   name of a person

nom de personne

5. 北宋   Běi Sòng   the Northern Song Dynasty (960 — 1127)

dynastie des Song du Nord (960 — 1127)

6. 阿拉伯   Ālābó   Arabian; Arabic; Arab

Arabe

7. 南宋   Nán Sòng   the Southern Song Dynasty (1127 — 1279)

dynastie des Song du Sud (1127 — 1279)

字拆下来,还可以排印别的书。毕升的胶泥活字印刷为以后的铅字活字印刷铺平了道路。他的贡献是非常了不起的,影响是很大的。这种方法不久传到朝鲜,后来又传到日本、越南和欧洲。

指南针是指示方向的工具。两千多年以前,中国的劳动人民就发现了能吸铁的磁石,如果把磁石吊起来,它的一头就指向南方,另一头则指向北方。人们根据磁石的这种特性,发明了各种指南工具。最早的指南工具形状象把勺子,后来又发明了指南鱼,以后又在实践中制造出指南针。指南针于北宋时传到阿拉伯和欧洲一些国家。指南针的发明,促进了航海事业的发展,也促进了各国之间的文化交流。

火药的发明与炼丹有直接关系。所谓炼丹,就是人们力图用矿物炼出一种长生不老的药。这本来是不能实现的事情,但是通过炼丹,积累了很多冶炼经验和化学知识。后来人们用硝石,硫磺和木炭,按照一定的比例,制造出一种黑火药。黑火药的制造方法,南宋时传到阿拉伯,后来又传到欧洲。火药的发明促进了军事工业和经济的发展。

生　　词

1. 漫长　　　　(形)màncháng　　　very long
　　　　　　　　　　　　　　　　　 long

2. 灿烂	(形)cànlàn	splendid; bright
		brillant; splendide
3. 印刷	(动)yìnshuā	print
		imprimer
4. 指南针	(名)zhǐnánzhēn	compass
		boussole
5. 火药	(名)huǒyào	gunpowder; powder
		poudre; explosif
6. 辉煌	(形)huīhuáng	brilliant; splendid
		brillant; éclatant; resplen-
		dissant
7. 成果	(名)chéngguǒ	achievement
		fruit; réalisation
8. 文明	(名)wénmíng	culture; civilization
		civilisation
9. 乌龟壳	wùguīkér	tortoiseshell
		écaille de tortue
10. 牛骨	niúgǔ	ox bone
		os de bœuf
11. 刻	(动)kè	carve; engrave
		graver
12. 竹片	(名)zhúpiàn	bamboo clappers
		tablette de bambou
13. 木片	(名)mùpiàn	board; plank
		tablette de bois
14. 笨重	(形)bènzhòng	heavy
		lourd; pesant
15. 携带	(动)xiédài	carry

58

注　释

①1957 年在陕西西安市郊灞桥这个地方发掘出一种以大麻和少量苧麻为原料的植物纤维纸，称为灞桥纸。这是世界上最早的植物纤维纸。据考古工作者断定，灞桥纸是西汉武帝（前 157——前 87）时的产品，比蔡伦纸早二百多年。

In 1957 excavations in Baqiao, a suburb of Xian, Shaanxi, revealed plant fibre paper composed of hemp with a little added ramie. Called "Baqiao paper", this is the world's earliest plant fibre paper and was produced , archeologists conclude, during the reign of the Han emperor Wudi (157——87 B.C.), thus antedating Cai Lun's paper by some two hundred years.

En 1957, on a exhumé à Baqiao, dans la banlieue de la ville de Xi'an, province du Shaanxi, du papier fait de fibres végétales ayant comme matières le chanvre et un peu de ramie blanche. On l'appelle "papier Baqiao". C'est le papier de fibres végétales le plus ancien du monde. D'après l'expertise des archéologues, le papier Baqiao a été produit sous le règne de l'empereur Wudi (157—87 av. J.-C.) de la dynastie des Han de l'Ouest, plus de deux cents ans plus tôt que le papier de Cai Lun.

七、古代著名医药学家

　　中国的医药学历史悠久。数千年来，人们积累了丰富的医药学知识，产生了无数的医药学家。

　　扁鹊是战国时的一位名医。原名秦越人。河北省任丘县人。中国传统的诊断法——望（望气色）、闻（听声音）、问（问病情）、切（按脉搏）就是扁鹊总结出来的。他擅长于望诊和切诊。传说有一次他路过虢国（今河南省陕县），听说太子突然昏死过去，他赶到太子的住所，问过病情，断言太子没有死，他叫弟子给病人用针灸治疗，太子果然苏醒了，又经服药治疗，太子逐渐康复，因此人们称扁鹊是能够起死回生的"神医"。

　　华佗（？—208）是三国时人们尊崇的一位名医。安徽亳县人。自幼刻苦钻研医学，内科、外科、妇科、儿科无不精通，尤其擅长外科，被称为外科鼻祖。据说有一次曹操患头风病，久治不愈，经华佗针灸后，头痛即止。

　　华佗是麻醉术的发明者，他总结了前人的经验，发明了"麻沸散"。病人服用后，便失去知觉，剖腹割背也不感到痛苦。"麻沸散"是怎么制成的，已经失传，但是早在一千七百多年前，华佗就用这种麻醉药成功地进行过外科手术。

　　华佗也是中国医疗体育的创始人。他认为锻炼身体

64

可以健身、防病、益寿。他模仿动物的动作编制了"五禽戏"①。"五禽戏"流传很广，深受人们欢迎。他的弟子用此法健身，有的活到九十九岁还耳目聪明，牙齿坚固。

孙思邈，(公元581——682)隋唐民间医药学家。陕西耀县人。自幼刻苦钻研医学，并在实践中积累了丰富的经验。他以普救病人为终生志愿，不慕名利，成了学识渊博的医学家。在长期行医中，他总结出海藻可以治甲状腺肿大，谷皮汤可以防止脚气病，白头翁、黄连能够治痢疾，朱砂、雄黄能够消毒等。存世著作有《千金要方》、《千金翼方》，凡诊断、预防、针灸等，无不详细记述。孙思邈对中国药物学有杰出贡献，后人称他为"药王"。他常去采药的山被称为"药王山"。至今在药王山上还有他的庙宇和祠堂。

李时珍(公元1518——1593)，明代杰出的药物学家。湖北蕲春县人。一生著书十余种，《本草纲目》最为著名，全书共五十二卷，载药一千八百九十二种，其中三百七十四种为新增药物。《本草纲目》不仅对每种药的性、味、产地、形态和采集作了记述，而且对炮制过程、方剂配法也作了介绍。该书是十六世纪以前人民用药经验的理论总结，也是李时珍一生辛勤劳动的结晶。1578年成书后，很快传到外国，后来被陆续译成朝、日、拉丁、英、法、德等文，是世界医学史上的巨著。

生　　词

1. 医药学　　　　　yīyàoxué　　　medical science
　　　　　　　　　　　　　　　　médecine et pharmacie

2. 诊断　　　（动）zhěnduàn　　　diagnose
　　　　　　　　　　　　　　　　diagnostiquer

3. 气色　　　（名）qìsè　　　　　complexion
　　　　　　　　　　　　　　　　mine

4. 按脉搏　　　　　ànmàibó　　　feel the pulse
　　　　　　　　　　　　　　　　tâter le pouls

5. 太子　　　（名）tàizǐ　　　　crown prince
　　　　　　　　　　　　　　　　prince-héritier

6. 昏　　　　（动）hūn　　　　　lose consciousness
　　　　　　　　　　　　　　　　s'évanouir

7. 府　　　　（名）fǔ　　　　　mansion
　　　　　　　　　　　　　　　　maison; résidence

8. 断言　　　（动）duànyán　　　say with certainty
　　　　　　　　　　　　　　　　affirmer catégoriquement

9. 弟子　　　（名）dìzǐ　　　　pupil; follower
　　　　　　　　　　　　　　　　disciple

10. 针灸　　　（名）zhēnjiǔ　　　acupuncture and moxibus-
　　　　　　　　　　　　　　　　tion
　　　　　　　　　　　　　　　　acupuncture et moxibustion

11. 苏醒　　　（动）sūxǐng　　　regain consciousness
　　　　　　　　　　　　　　　　reprendre connaissance

12. 康复	(动)kāngfù	be restored to health
		se rétablir
13. 起死回生	qǐsǐhuíshēng	(of a doctor's skill) bring
		the dying back to life
		rendre la vie à un agonisant
14. 神医	(名)shényī	highly skilled doctor
		médecin prodigieux
15. 尊崇	(动)zūnchǒng	worship
		respecter
16. 内科	nèikē	(department of) internal
		medicine
		médecine générale
17. 外科	wàikē	surgical department
		chirurgic
18. 妇科	fùkē	(department of) gynaecolo-gy
		gynécologie
19. 儿科	érkē	(department of) paediatrics
		pédiatrie
20. 精通	(动)jīngtōng	have a good command of
		expert en; connaître à fond
21. 鼻祖	(名) bízǔ	the earliest ancestor
		fondateur
22. 患	(动)huàn	suffer from (e.g. illness)
		souffrir (d'une maladie)
23. 愈	(动)yù	heal; recover
		guérir
24. 麻醉术	mázuìshù	the art of anaesthesia

			anesthésie
25. 性能	（名）	xìngnéng	function; performance
			faculté; performance
26. 失	（动）	shī	lose
			perdre
27. 知觉	（名）	zhījué	consciousness
			conscience; ici: connaissance
28. 剖	（动）	pōu	cut open
			disséquer; ouvrir
29. 腹	（名）	fù	belly; abdomen; stomach
			ventre; abdomen
30. 割	（动）	gē	cut
			couper
31. 背	（名）	bèi	the back of the body
			dos
32. 失传	（动）	shīchuán	be lost
			se perdre
33. 益寿		yìshòu	prolong life
			prolonger la vie
34. 模仿	（动）	mófǎng	imitate
			imiter
35. 耳目聪明		ěrmù cōngmíng	able to see and hear clearly
			ouïe fine et vue claire
36. 坚固	（形）	jiāngù	firm; solid
			solide
37. 终生	（名）	zhōngshēng	whole life long

68

toute la vie

38. 志愿　　　（名）zhìyuàn　　aspiration

volonté；aspiration

39. 慕　　　　（动）mù　　　　admire

admirer

40. 学识　　　（名）xuéshí　　knowledge

connaissance；savoir

41. 渊博　　　（形）yuānbó　　broad and profound

érudit；（connaissance）pro-

fonde et étendue

42. 行医　　　　　xíngyī　　（of a doctor）see a patient

exercer la médecine

43. 海藻　　　（名）hǎizǎo　　marine alga；seaweed

algues

44. 肿　　　　（动）zhǒng　　be swollen

enfler；gonfler；se tuméfier

45. 甲状腺　　（名）jiǎzhuàngxiàn　thyroid gland

glande thyroïde

46. 谷皮汤　　　　gǔpítāng　soup boiled with millet

husks

consommé au son （au

péricarpe de blé ou de

millet）

47. 脚气病　　（名）jiǎoqìbìng　beriberi

béribéri

48. 白头翁　　（名）báitóuwēng　the root of Chinese pulsatil-

la；Chinese bulbul

			`racine de pulsatilla ; rossi-gnol (employé en médecine chinoise)`
49. 黄连	(名)huánglián	the rhiyome of Chinese goldthread
		rhizome de coptis
50. 痢疾	(名)lìji	dysentery
		dysenterie
51. 朱砂	(名)zhūshā	cinnabar
		cinabre
52. 雄黄	(名)xiónghuáng	realgar
		réalgar
53. 消毒	(动)xiāodú	disinfect
		désinfecter
54. 著作	(名)zhùzhuò	work; writings
		œuvre; ouvrage
55. 详细	(形) xiángxì	detailed
		en détail
56. 记述	(动) jìshù	record and narrate
		noter
57. 凡	(代) fán	every; any
		tout; chaque
58. 庙宇	(名) miàoyǔ	temle
		temple
59. 祠堂	(名) cítáng	memorial temple
		temple des ancêtres
60. 卷	(名) juàn	volume
		volume

70

61. 载	（动）zǎi	put down in writing; record
		noter; comporter
62. 形态	（名）xíngtài	form
		forme
63. 炮制	（动）páozhì	infuse
		préparer（des remèdes）par
		cuisson ou par décoction
64. 方剂	（名）fāngjì	prescription; recipe
		ordonnance; prescription
65. 配法	pèifǎ	fill a prescription
		composition d'une prescrip-
		tion
66. 结晶	（名）jiéjīng	crystallization
		se cristalliser
67. 陆续	（副）lùxù	in sucession; continually
		successivement; l'un après
		l'autre

专　名

1. 扁鹊	Biǎn Què	name of a person
		nom de personne
2. 战国	Zhànguó	the warring states（475 —
		221 B. C.）
		Royaumes　combattants
		（475 — 221 av. J.-C.）

71

3. 河北任丘县　Héběi Rénqiūxiàn　Renqiu County, Hebei Province

district de Renqiu, province du Hebei

4. 虢　Guó　name of kingdom in the Zhou Dynasty

nom de royaume sous la dynastie des Zhou

5. 华佗　Huá Tuó　name of a person

nom de personne

6. 三国　Sānguó　the Three Kingdoms (220 — 280)

Les Trois Royaumes (220 — 280)

7. 安徽亳县　Ānhui Bōxiàn　Boxian County, Anhui Province

district de Boxian, province de l' Anhui

8. 麻沸散　Máfèisǎn　a kind of medicine

une sorte de médicament

9. 孙思邈　Sūn Sīmiǎo　name of a person

nom de personne

10. 隋　suí　the Sui Dynasty (581 — 618)

dynastie des Sui (581 — 618)

11. 陕西耀县　Shǎnxī Yàoxiàn　Yaoxian County, Shaanxi Province

注　释

　　"五禽戏"："五禽"指虎、鹿、熊、猿、鸟。华佗把虎扑动前肢、鹿伸转头颈、熊卧倒身子、猿脚尖纵跳、鸟张翅飞翔等动作联系起来，编成一套使全身肌肉和关节都得到舒展的体操，人们称之为"五禽戏"。

"The Five Beast Game": the popular name for a set of limbering-up exercises for all the muscles and joints of the body put together by Hua Tuo. The movements of five beasts —— the tiger, the deer, the bear, the ape and the crow——are linked together: the tiger pouncing with its front legs, the deer stretching and turning its neck, the bear lying down, the ape leaping up on tiptoe and the crow opening its wings to fly up.

"Jeu d'imitation des mouvements des cinq animaux": Les cinq animaux désignent le tigre, le cerf, l'ours, le grand singe et l'oiseau. Hua Tuo composa une gymnastique détendant les muscles et les articulations du corps et qui imite les mouvements des pattes antérieures du tigre qui s'élance, du cerf qui étend et tourne le cou, de l'ours qui s'étend par terre, du grand singe qui saute sur la pointe des ses pattes, de l'oiseau qui s'envole en déployant ses ailes. Tous ces mouvements furent nommés "Jeu d'imitation des mouvements des cinq animaux".

八、传统节日（一）

中国的传统节日有春节、元宵节、清明节①、端午节、七夕节②、中秋节、重阳节③等，其中较大的节日有春节、元宵节、端午节和中秋节。

春　节

春节在农历正月初一，也就是农历新年，是中国最重要的传统节日。一年二十四个节气④中的"立春"正好在农历年前后，所以把农历年叫做春节。立春就是春天开始的意思。过春节的时候，正是冬末春初的农闲时节，回顾过去，计划将来，是历年来农民的习惯。"一年之计在于春"，说的就是这个意思。

春节期间有团聚、守岁、拜年及贴对联、吃饺子、放鞭炮等风俗。按照中国的古老传统，春节时一家人要聚会在一起过团圆节。春节的前一天晚上叫做"除夕"。在这"一夜连双岁，五更分两年"的除夕之夜，人们整夜不睡，等待天明，这叫"守岁"。守岁的传统说明了中国人民对时间的珍惜。

除夕"子时"（零点）人们要吃饺子，取"更岁交子"之意，也就是新旧年交替从子时起的意思，饺子的名称也由此得来。初一早上，就开始拜年，亲友互访。

春节是最受中国人民重视的一个节日，是家家户户都过的。新春佳节，千家万户都在门口贴上大红色的春联，以烘托喜气洋洋的节日气氛。如有的春联写"安定家家乐，团结处处春"⑤。

初一那天放鞭炮，也是历代沿袭下来的风俗。古人放鞭炮最初是把竹子燃烧起来，噼啪作响。后来又把火药放在竹筒里，成为爆竹。关于爆竹，还有一个传说：相传远古时代有个叫"年"的魔怪，每到初春就出来伤害人，可是它一听到爆竹声就吓得拚命逃跑。因此每到春节，家家户户都放爆竹，以求安宁。后来人们发现用纸裹上火药，点燃后，声音清脆，火焰耀目，就把它叫做"鞭炮"。人们常说"爆竹声中一岁除"⑥就是对春节放鞭炮这种习俗的概括。

元 宵 节

元宵节在农历正月十五。在这个节日里，中国人民有观灯和吃元宵的习惯。俗语说"正月十五闹花灯"，因此元宵节也叫灯节。这是一个传统的娱乐节日，已经有两千多年的历史了。

早在汉朝的时候，就有元宵节了。那时候有"放夜"的说法，就是在正月十四至十六，各种灯火连燃三夜。到了宋朝还增为五夜。元、明两朝，这个节日不太热闹，但是到了清朝，元宵节在北京又重新热闹起来。

现在每逢元宵节，在灯市上、公园里、商店中还可以看到各式各样的灯高高挂起,有宫灯、壁灯、人物灯、花卉灯、走马灯飞禽走兽玩具灯。有时还在元宵节举行"灯展","名灯群集"就更好看了。

在元宵节,除了观灯以外,还要吃元宵。所谓元宵是一种米粉作的圆形食物,内有糖馅,起初叫"浮圆子",后来又叫"汤团"、"汤元",与"团圆"字音相近,取团圆 的意思。元宵节是一年里的第一个月圆之夜,吃元宵象征团圆、吉利。因为是在元宵节吃汤元,所以现在人们干脆就把"汤元"叫成"元宵"了。"元宵"这个词到如今已有两个意思,它既代表一个节日,又代表一种食物了。

元宵节还有各种娱乐活动,例如耍"狮子"(狮子舞)和玩龙灯。狮子舞是流行于中国各地的民间舞蹈。形式多样,舞法不同。一般由两人扮演狮子,另一人扮演武士,拿着彩球逗引。狮子可分文、武两类:扮演文狮主要刻画狮子的温驯神态:有搔痒、舔毛、打滚、抖毛等动作;扮演武狮主要表现狮子勇猛的形象:有跳跃、跌扑、高举、腾转等动作。舞狮流传已久,到现在已有两千多年的历史了。

龙灯又叫龙舞,也是中国相传很久的一种民间舞蹈。龙,是古代传说中的一种神异动物,被人们当作吉祥的化身。每逢元宵节,中国各地都有玩龙灯的习俗,用以表达人们的欢乐心情。龙灯一般用竹、木和纸扎成,节数不等,其中有腹中能燃烛的龙灯,也有不燃烛便于舞动的布龙。

耍"狮子"和玩龙灯都是中国人民所喜爱的娱乐活动。

生　词

1. 农历　　　（名）nónglì　　the lunar year
   　　　　　　　　　　　　calendrier lunaire
2. 节气　　　（名）jiéqì　　　solar terms
   　　　　　　　　　　　　les 24 périodes de 15 jours
   　　　　　　　　　　　　de l'année solaire
3. 立春　　　（名）lìchūn　　1st solar term (i. e. the be-
   　　　　　　　　　　　　ginning of spring)
   　　　　　　　　　　　　commencement du prin-
   　　　　　　　　　　　　temps
4. 末　　　　（名）mò　　　　end
   　　　　　　　　　　　　fin
5. 闲　　　　（形）xián　　　unoccupied; leisurely
   　　　　　　　　　　　　oisif; inoccupé
6. 时节　　　（名）shíjié　　season
   　　　　　　　　　　　　saison
7. 回顾　　　（动）huígù　　look back; review
   　　　　　　　　　　　　se rappeler
8. 团聚　　　（动）tuánjù　　reunite
   　　　　　　　　　　　　se réunir
9. 守岁　　　（动）shǒusuì　stay up late or all night on
   　　　　　　　　　　　　New Year Eve
   　　　　　　　　　　　　veiller toute la nuit la veille
   　　　　　　　　　　　　du Nouvel An

78

10. 拜年	bàinián	pay a New Year call
		souhaiter une bonne année
11. 贴	（动）tiē	stick
		coller
12. 对联	（名）duìlíanr	antithetical couplet
		sentences parallèles inscrites sur une paire de bandes verticales symétriques
13. 鞭炮	（名）biānpào	a string of small firecrackers
		pétard
14. 风俗	（名）fēngsú	custom
		coutume
15. 零点	（名）língdiǎn	twelve o'clock midnight
		minuit
16. 交替	（动）jiāotì	replace
		alterner
17. 重视	（动）zhòngshì	pay great attention to
		faire grand cas de; attacher de l'importance à
18. 逢	（动）féng	meet; come upon
		chaque fois que
19. 烘托	（动）hongtuō	set off by contrast; (of painting) add shading around an object to make it stand out
		faire ressortir par contraste
20. 喜气洋洋	xǐqìyángyáng	full of joy

joyeux

21. 气氛　　　（名）qìfēn　　　atmosphere
　　　　　　　　　　　　　　ambiance

22. 沿袭　　　（动）yánxí　　　follow the old conventions
　　　　　　　　　　　　　　suivre; léguer

23. 噼啪　　　（象）pīpā　　　（of firecrackers）cracking
　　　　　　　　　　　　　　craquement

24. 筒　　　　（名）tǒng　　　tube or tube shaped object
　　　　　　　　　　　　　　tuyau; tube

25. 爆竹　　　（名）bàozhú　　firecrackers
　　　　　　　　　　　　　　pétard

26. 魔怪　　　（名）móguài　　demons and monsters
　　　　　　　　　　　　　　démon; monstre

27. 伤害　　　（动）shānghài　injure; harm; hurt
　　　　　　　　　　　　　　blesser; léser

28. 拚命　　　　　pīnmìng　　risk one's life for
　　　　　　　　　　　　　　de toutes ses forces

29. 安宁　　　（形）ānníng　　peaceful; tranquil
　　　　　　　　　　　　　　tranquille; paisible

30. 裹　　　　（动）guǒ　　　bind; wrap
　　　　　　　　　　　　　　envelopper

31. 点燃　　　（动）diǎnrán　　light; kindle; ignite
　　　　　　　　　　　　　　allumer

32. 清脆　　　（形）qīngcuì　　clear
　　　　　　　　　　　　　　clair; éclatant

33. 耀目　　　　　yàomù　　　dazzling
　　　　　　　　　　　　　　éblouissant

34. 火焰　　　（名）huǒyàn　　flame

80

			flamme
35. 概括	（动）	gàikuò	summarize; generalize
			résumer
36. 闹	（动）	nào	play; make a noise
			jouer; ici: avoir lieu
37. 娱乐	（名）	yúlè	recreation
			divertissement; loisirs
38. 重新	（副）	chóngxīn	again; renew
			de nouveau
39. 各式各样		gèshìgèyàng	of all kinds; various kinds of
			de toutes sortes
40. 宫	（名）	gōng	palace
			palais
41. 璧	（名）	bì	wall
			mur
42. 花卉	（名）	huāhuì	flowers and plants
			fleurs et plantes
43. 走马		zǒumǎ	gallop or trot along on horseback
			ici: lanternes dans lesquelles se trouvent des figures tournant sous l'action de l'air chaud
44. 飞禽	（名）	fēiqín	birds
			oiseaux
45. 玩具	（名）	wánjù	toy
			jouet

46. 群集		qūnjí	gather together in a group
			se réunir en groupe
47. 所谓	（动）	suǒwèi	what is called; so-called
			ce qu'on appelle; soi-disant
48. 馅	（名）	xiàn	filling; stuffing
			farce
49. 象征	（动）	xiàngzhēng	symbolize; stand for
			symboliser
50. 吉利	（形）	jílì	lucky; auspicious
			faste; propice
51. 干脆	（形）	gāncuì	clear-cut; straightforward
			tout simplement
52. 流行	（动）	liúxíng	be popular
			se répandre; circuler
53. 舞蹈	（名）	wǔdǎo	dance
			danse
54. 扮演	（动）	bànyǎn	play the part of; act
			interpréter; jouer
55. 武士	（名）	wǔshì	knight
			chevalier
56. 彩球	（名）	cǎiqiú	coloured ball
			boule colorée
57. 逗引	（动）	dòuyǐn	tease
			taquiner; s'amuser avec
58. 刻画	（动）	kèhuà	depict; portray
			décrire
59. 温驯	（形）	wēnxùn	(of animals) docile; meek
			docile

60. 神态	（名）shéntài	expression；manner
		expression；mine；air
61. 搔痒	sāoyǎng	scratch where it itches
		se gratter
62. 舔毛	tiǎnmáo	lap feather
		lécher les poils
63. 打滚	（动）dǎgǔn	roll about
		se rouler
64. 抖毛	dǒumáo	shake feather
		secouer les poils
65. 动作	（名）dòngzuò	action；movement
		mouvement；geste
66. 勇猛	（形）yóngměng	valiant
		vaillant；intrépide
67. 形象	（名）xíngxiàng	figure
		image
68. 跳跃	（动）tiàoyuè	jump
		sauter
69. 跌扑	（动）diēpū	throw oneself down onto
		se jeter sur
70. 腾转	（动）téngzhuǎn	leap and turn the air
		bondir en se tournant
71. 神异	（形）shényì	magical；mystical
		mystérieux et étrange
72. 吉祥	（形）jíxiáng	lucky；auspicious
		propice；de bon augure
73. 化身	（名）huàshēn	incarnation；embodiment
		incarnation

74. 心情	（名）xīnqíng	state of mind
		état d'âme；humeur
75. 扎	（动）zhā	tie
		ficeler；lier

专　名

1. 元朝　　　Yuáncháo　　　Yuan Dynasty（1206 — 1368）

　　　　　　　　　　　　　dynastie des Yuan（1206 — 1368）

注　释

　　①清明节：节气名，在每年公历四月五日前后，习惯上在这时举行扫墓活动。

　　Qingming（Clear，Bright Day）：the name of a solar period falling around April 5th in the official calendar，when the custom of sweeping the graves is observed.

　　Fête des morts：(le jour de Qingming)：C'est une des 24 périodes de l'année solaire，qui tombe environ le 5 avril de chaque année. D'habitude，on balaie les tombes ce jour-là.

　　②七夕节：指农历七月初七的夜晚。传说，每年七夕牛郎织女在天河上相会。

　　Qixi（Seventh Night）：the night of the seventh of the seventh month of the lunar calendar，when，it is said，the Cowherd

84

and the Weaver meet on the Milky Way.

Fête du 7ᵉ jour de la 7ᵉ lune: Selon la légende, le Bouvier et la Tisserande se rencontrent une fois par an le 7ᵉ jour du 7ᵉ mois lunaire sur la Voie lactée.

③重阳节:指农历九月初九。古人认为九是阳数,所以叫重阳。旧时在这一天有登高的风俗。

Chongyang: the ninth of the ninth month of the lunar calendar, so called because the ancients considered nine a yang (as opposed to yin) number, when it was formally the custom to " climb heights".

La Fête du double neuf désigne le 9ᵉ jour du 9ᵉ mois lunaire. Nos ancêtres croient que l'adjectif numéral 9 est un nombre *Yang*(opposé à *Yin*), ainsi, on l'appela le double neuf *Yang*. On avait coutume de gravir une hauteur ce jour-là.

④节气:节气共二十四个,它表明气候的变化和昼夜的长短,可参照各个节气进行农事活动,沿用至今已两千多年。

Solar Period: the twenty-four solar periods, setting out the changes in climate and in the length of days and nights, have been consulted for some two thousand years in carrying out farming activities, and are still in use today.

Jieqi (périodes de l'année solaire): Les 24 périodes de l'année solaire montrent le changement du climat et la longueur du jour et de la nuit. Les paysans chinois se réfèrent aux 24 périodes pour mener des travaux agricoles. Elles servent de points de repère depuis plus de deux mille ans.

⑤"安定家家乐,团结处处春":这副对联表现出千家万户安定、团结的欢乐景象。

"安定家家乐,团结处处春": a couplet expressing household

repose and scenes of joyous reuniting.

"安定家家乐，团结处处春"：Ces sentences représentent l'ambiance joyeuse qui règne sur une population immense grâce à la sureté et à l'union.

⑥"爆竹声中一岁除"：意思是旧的一年在爆竹声中被送走了。

"爆竹声中一岁除"：i. e. the old year is seen out with the sound of firecrackers.

"爆竹声中一岁除" signifie que l'année précédente s'en est allée dans les claquements de pétard.

九、 传统节日（二）

端 五 节

端五节也叫五月节，在农历五月初五，又叫重五节。这是中国比较大的传统节日之一。据传说是为了纪念中国古代著名的爱国诗人——屈原而形成的节日。

战国时期（公元前 475 年——公元前 221 年），中国包括燕、赵、韩、魏、齐、楚、秦七国，其中秦国最强，楚国最大。秦国总想吞并其他六国，独霸中国。屈原是楚国的大夫，他主张联合各国，抵抗秦国，可是楚怀王和他的儿子楚顷襄王都不采纳屈原的意见，反而相信坏人的谗言，屈原因此遭到陷害，被贬出京城。屈原回到故乡，时时担心着祖国的前途和命运。这种忧国忧民的情感，使他的身体越来越不好，他常常来到井边散步，对着水面看自己消瘦的面容，后来人们就称这口井为照面井。现在这口井还保存在屈原的故乡湖北秭归香炉坪对面的山坡上。后来当屈原听到楚国的国都——郢都陷落的消息后，更加悲愤。他怀着万分悲痛的心情写下了长诗"哀郢"①，然后就投汨罗江②自杀了。

屈原投江的时候，正是公元前 278 年农历五月初五，当时的百姓崇敬屈原的爱国精神，更同情他的遭遇，都争相划船打捞。现在每逢端五节就举行划船比赛，这个风俗就是从那时沿袭下来的。划船比赛又叫"龙舟竞渡",这个活动可以表示出当时人们抢救屈原的急迫心情。直到现在,每逢端五节,屈原故乡的人们还去长江边观看龙舟竞渡的盛况,就象一次隆重的集会。

为什么要在端午节吃粽子呢?这是因为当时人们没有打捞到屈原,就把糯米扔到江中喂鱼,为的是不让鱼儿伤害屈原的尸体。后来人们每到五月初五,就把糯米包成粽子扔进江里,以后又改成吃粽子。这就是在端五节划龙舟、吃粽子这种习俗的来源。

中 秋 节

中秋节也叫八月节,是中国比较大的传统节日之一。中秋节在农历的八月十五日,正好是秋季的正中,所以叫中秋节。在中国,这一天有赏月、吃月饼的风俗。

中秋节已经有两千多年的历史了。古代皇帝为了祈祷丰收,常在八月的夜晚,奏乐祭祀月亮,后来渐渐形成了民间赏月的风俗。中国有句俗语"月到中秋分外明",这句话包含着一定的科学道理。冬天寒冷,不适于户外赏月,夏季天空中常有浮云,会把月亮的光辉遮住,春天又多风,只有在秋高气爽的八月十五,才是最理想的赏月时刻。

中秋节吃月饼有这样一个传说:元末农民起义时,人们互相赠送月饼,月饼里夹着字条,约定八月十五这一天作为汉族起义的日子。后来民间在中秋节的时候,也有互相赠送月饼的习惯,这是因为月饼是圆的,取团圆的意思。中秋节吃月饼的习惯早在明朝和清朝就遍及全国了。制作月饼也越来越精细,月饼上面有嫦娥吃灵丹③、玉兔捣药④、吴刚砍桂树⑤等花样。月饼馅也越来越讲究。现在的月饼更是多种多样,既好看又好吃,各地都有自己的特色。广东月饼常用肉、糖、油、核桃、葡萄干拌在一起作馅,香甜可口,在全国驰名。

月亮离我们有三十八万公里,月亮上除了桔红色的土壤以外,并没有花草树木。但是在中国人民的心目中,月亮仍然是美丽的,她是美好的象征。中国人有在八月十五全家人团圆的习惯,他们常常是全家人坐在一起,一边吃月饼,一边赏月。如果亲人在这一天不能团圆,就在这一天晚上,同时望着月亮来表达思念的感情。正象宋代诗人苏轼所写的那样:"但愿人长久,千里共婵娟。"⑥中国大多数人喜欢月儿圆,这是因为月圆象征着亲人的团圆和生活的美好,但是也有人喜欢月儿弯,他们说月儿弯时,才有月圆的希望。

生　词

1. 端午　　　（名）duānwǔ　　Dragon Boat Festival（the fifth day of the fiifth lunar month）

Fête des barques-dragons（le 5ᵉ jour du 5ᵉ mois lunaire）

2. 包括　　　（动）bāokuò　include; contain
comprendre; contenir

3. 吞并　　　（动）tūnbìng　annex
annexer

4. 独霸　　　（动）dúbà　dominate
gouverner

5. 大夫　　　（名）dàfū　a senior official in feudal China
titre donné aux hauts fonc-tionnaires dans la Chine féodale

6. 主张　　　（名）zhǔzhāng　opinion
idée; opinion

7. 联合　　　（动）liánhé　unite
unir

8. 抵抗　　　（动）dǐkàng　resiste; stand up against
résister à

9. 采纳　　　（动）cǎinà　adopt
adopter

10. 谗言　　　（名）chányán　slanderous talk
calomnie

11. 陷害　　　（动）xiànhài　frame; make a false charge against
diffamer; porter une fausse accusation contre

90

12. 贬	（动）biǎn	demote; reduce
		dégrader
13. 京城	（名）jīngchéng	capital (of a country)
		capitale
14. 命运	（名）mìngyùn	destiny; fate
		destin; sort
15. 忧	（动）yōu	be anxious; be worried
		être anxieux de
16. 照	（动）zhào	reflect; look in (the mirror)
		se regarder dans (un miroir)
17. 消瘦	（形）xiāoshòu	(become) emaciated; thin amaigri
18. 面容	（名）miànróng	face; facial features
		visage; mine
19. 山坡	（名）shānpō	mountain or hill slope
		versant de montagne
20. 国都	（名）guódū	capital of a country
		capitale d'un pays
21. 陷落	（动）xiànluò	(of cities, territory, etc.) fall into enemy hands
		tomber aux mains de l'ennemi
22. 悲愤	（形）bēifèn	grievous and indignant
		peiné et indigné
23. 怀	（动）huái	be filled with
		avec (un certain sentiment)

91

24. 悲痛	(形) bēitòng	sorrowful; deeply grieved over
		affligé; douloureux
25. 投	(动) tóu	throw
		se jeter dans
26. 崇敬	(动) chóngjìng	respect and admire
		respecter et admirer
27. 同情	(动) tóngqíng	sympathize
		sympathiser
28. 遭遇	(名) zāoyù	encounter suffering
		destin; sort
29. 争相	zhēngxiāng	contend for first place to
		à qui mieux mieux
30. 打捞	(动) dǎlāo	get out of the water; salvage
		repêcher; tirer de l'eau
31. 龙舟竞渡	lóngzhōu jìngdù	dragon-boat regatta (or race)
		compétition de barques-dragons
32. 急迫	(形) jípò	urgent; pressing
		urgent; pressé
33. 隆重	(形) lóngzhòng	solemn; grand; ceremonious
		solennel; cérémonieux
34. 集会	(动) jíhuì	mass rally
		meeting

92

35. 粽子　　　（名）zòngzi　　　a pyramid-shaped dumpling made of glutinous rice wrapped in bamboo or reed leaves（eaten during the Dragon Boat Festival）

gâteaux de riz ou de millet glutineux enveloppés dans des feuilles de roseau（on les mange à la Fête des barques-dragons）

36. 糯米　　　（名）nuòmǐ　　　polished glutinous rice

riz glutineux

37. 喂　　　　（动）wèi　　　feed

donner à manger

38. 尸体　　　（名）shītǐ　　　corpse; dead body

cadavre

39. 赏　　　　（动）shǎng　　　admire; enjoy

contempler

40. 月饼　　　（名）yuèbing　　　moon cake（esp. for the Mid-Autumn Festival）

gâteau de lune（pour la Fête de la mi-automne）

41. 祈祷　　　（动）qídǎo　　　pray

prier

42. 奏　　　　（动）zòu　　　strike up a tune; play music

jouer（d'un instrument）

43. 祭祀　　　（动）jìsì　　　offer sacrifices to gods or ancestors

93

		sacrifierj offrir un sacrifice
44. 适于	shìyú	suit; fit in with
		propre à; adapté à; conforme à
45. 浮云	（名）fúyún	passing clouds
		nuages flottants
46. 秋高气爽	qiūgāo qìshuǎng	cool, fine autumn weather
		ciel dégagé et air vivifiant de l'automne
47. 起义	（动、名）qǐyì	stage an uprising
		déclencher une insurrection
48. 赠送	（动）zèngsòng	give as a present
		offrir (un cadeau)
49. 夹	（动）jiā	press form both sides
		insérer
50. 遍及	（动）biànjí	reach every place; reach as far as
		se répandre; populariser
51. 精细	（形）jīngxì	fine; delicate
		fin; délicat
52. 灵丹	（名）língdān	miraculous cure; panacea
		le remède qui guérit tout; la panacée universelle
53. 捣	（动）dǎo	pound
		piler
54. 桂树	（名）guìshù	cassia
		cannelier

94

55. 讲究	（动）jiǎngjiu	be particular about recherché
56. 核桃	（名）hétao	walnut noix
57. 葡萄干	（名）pútáogān	raisin raisin sec
58. 拌	（动）bàn	mix；mix in mêler；mélanger
59. 香甜可口	xiāngtián kěkǒu	sweet；nice-smelling；deli- cious qui est doux et sent bon； délicieux
60. 土壤	（名）tǔrǎng	soil sol
61. 心目	（名）xīnmù	one's mind；mental view aux yeux de qn
62. 思念	（动）sīniàn	miss；remember fondly penser à

专　名

1. 屈原	Qū Yuán	a person's name nom de personne
2. 燕	Yān	name of a kingdom Royaume de Yan
3. 赵	Zhào	name of a kingdom

Royaume de Zhao

4. 韩　　　Hán　　　name of a kingdom

Royaume de Han

5. 魏　　　Wèi　　　name of a kingdom

Royaume de Wei

6. 齐　　　Qí　　　name of a kingdom

Royaume de Qi

7. 楚　　　Chǔ　　　name of a kingdom

Royaume de Chu

8. 秦　　　Qín　　　name of a kingdom

Royaume de Qin

9. 楚怀王　Chǔ Huáiwáng　name of a king

roi Huai du Royaume de Chu

10. 楚顷襄王　Chǔ Qīng xāngwáng　name of a king

roi Qingxiang du Royaume de Chu

11. 湖北　　Húběi　　Hubei Province

province du Hubei

12. 秭归　　Zǐguī　　name of a place

nom de lieu

13. 香炉坪　Xiānglúpíng　name of a place

nom de lieu

14. 郢都　　Yǐngdū　　the capital of the Kingdom Chu

capitale du Royaume de Chu

96

注　释

①哀郢:顷襄王二十一年(公元前278),秦将白起进攻楚国郢都(今湖北省江陵县),屈原目睹国家危亡,激愤万分,遂作《哀郢》,表示对祖国前途的忧伤,对人民的同情及对昏君的怨愤。

Lament for Ying: a poem written by Qu Yuan in anguish at witnessing the peril of the state of Chu, whose capital, Ying (present-day Jiangling County, Hubei) was threatened in 278 B. C. by the troops led by Bai Qi, a general of Qin. In it he expresses his anxiety for the future of his country, his sympathy for its people and his resentment against its self-indulgent ruler.

En 278 av. J.-C., les troupes dirigées par le général du Royaume de Qin, Bai Qi, attaquèrent Yingdu, capitale du Royaume de Chu (aujourd' hui le district de Jiangling, province du Hubei). Lorsque Qu Yuan vit de ses propres yeux son pays allant à son déclin, irrité, il écrivit le poème *Angoisse pour Yingdu*. Il y manifesta son souci de l' avenir de sa patrie, sa sympathie pour le peuple et son irritation contre le roi stupide des Chu.

②汨罗江:即湖南汨水下游,流经汨罗县北。

The River Miluo: the lower reaches of the River Mi in Hunan, which flows through the north of Miluo County

Le fleuve Miluo désigne le cours inférieur de la rivière Mishui, dans le Hunan, qui traverse le nord du district de

Miluo.

③ 嫦娥吃灵丹：传说嫦娥是后羿的妻子，后羿从西王母那里得到了不死之药，嫦娥偷吃后，成仙，飘上了月宫。

Chang' e took the wondrous elixir: it is said that Chang'e stole and took the drug of immortality which her husband Houyi had obtained from the Queen Mother of the West, and floated up to the palace of the Moon as an immortal.

Chang E avala un remède d' immortalité: D'après la légende, Chang E, femme de Houyi, avala à l' insu de son mari le remède qui rend immortel que Houyi avait obtenu chez la Reine-mère d' Occident, devint fée et s' en alla dans la lune.

④玉兔捣药：传说月亮里有玉兔在不停的捣药。

The jade rabbit grinding medicine: it is said that there is a jade rabbit in the moon forever grinding medicine.

Le lapin de jade pile le remède: D'après les contes, dans la lune, le lapin de jade pile sans cesse le remède chinois.

⑤吴刚砍桂树：吴刚，人名。传说因为学仙犯了错被贬到月宫砍桂树，桂树高五百丈，随砍随合，因此，他总是砍不完。

Wu Gang cutting down the cassia tree: Wu Gang was a man who, because of a mistake he made in his studies to become an immortal, was banished to the palace of the moon to cut down a cassia tree five thousand feet tall. However, every cut he makes closes up, so that he can never finish.

Wu Gang abat le cannelier: Wu Gang, pendant son apprentissage pour devenir un génie, avait commis des erreurs et fut condamné à abattre le cannelier dans le Palais de la Lune. Le cannelier, de 1 600 mètres de haut, se cicatrise lorsqu' on l'abat. Ainsi ne finit-il jamais son travail.

98

⑥"但愿人长久,千里共婵娟":这是宋代词人苏轼［水调歌头］("明月几时有")中的最后一句。详见第二十课。

"但愿人长久,千里共婵娟":If only man had ever lasting life！We share the moon across a thousand miles：the last couplet of ″明月几时有(What time shall have moonlight)″ to the tune (水调歌头)written by Su Shi，a Song Dynasty lyricist. See lesson 20 for details.

"但 愿 人 长 久,千 里 共 婵 娟":"Puissons-nous vivre longtemps，et，malgré la distance qui nous sépare，ensemble contempler la lune". C'est le dernier vers du *ci* de Su Shi de la dynastie des Song，intitulé "明月几时有" Quand y a-t-il clair de lune，d'après le ton 水调歌头 (voir leçon 20).

十、婚　俗

　　中国是个多民族的国家,各民族的婚俗具有不同的特点。新中国成立前,汉族青年的婚姻多由父母包办,大都是父母从小就给孩子订了婚,有的还指腹为婚,就是说孩子还没有出生,就已经由父母订了婚。有的是请媒人代表一方到对方家里去求婚。订婚的时候,由男方给女方一些东西作为"订礼",可是结婚时要由女方带给男方家很多东西,这叫"陪嫁"。结婚要举行典礼。有钱的男人可以娶几个妻子,女人死了丈夫,就不能改嫁了。

　　新中国成立以后,人民政府颁布了新婚姻法,规定了一夫一妻制和结婚年龄等,并提出婚姻自主,反对包办婚姻和买卖婚姻。一九八〇年又修订了婚姻法,规定男二十二岁,女二十岁可以结婚。青年男女多是在工作、学习和劳动中产生了感情,进行自由恋爱的;也有经过第三者介绍后,而谈恋爱的。现在许多地方还成立了婚姻介绍所,帮助适龄青年介绍对象。但不论是哪种情况,在订婚之前一般要征求双方家长的意见,当然家长的意见仅作参考,决定权还在于男女双方。

　　结婚的形式很多,有的是几对新婚夫妇联合举行一次结婚仪式,由领导讲话表示祝贺,并开茶话会庆祝一下。这种方式,俭朴大方,是社会所提倡的。有的是旅行结婚,利用婚假游览名胜古迹,这种方式,移风易俗,避免请客收礼的旧俗,有的就在家里举行小型婚礼,接受亲友送来的礼物并请亲友吃饭。不论以哪种形式结婚,都要请前来祝贺的人吃糖,这种糖叫"喜糖",按照汉族婚俗,吃喜糖是一种吉利事,因此是不能拒绝的。结婚的时间一般选在节日,这样时间充裕一些,也便于纪念。

少数民族的婚俗各不相同。就拿聘礼来说,蒙古族赠马或赠哈达,黎族送槟榔,瑶族送盐包,傣族互赠心爱的小礼物。

蒙古族青年男女恋爱时,男方的父母请自己的亲戚或德高望重的长者拿着哈达和酒到女方家求婚。女家不接受礼物,即表示拒绝。女家接受礼物并打开酒瓶与大家共饮,即表示同意。结婚那天,男方要请自己的亲戚到女家去迎亲,女方也要请自己的亲戚往男家送亲,到男家后,由祝颂人主持拜日月、拜翁姑、岳父岳母、哥嫂,并由别人代新娘向他们送哈达,然后进入新房。客人在新房坐好后,由长者主持,新郎新娘向客人一一敬酒。客人们也向他们赠送哈达、绸缎、布匹等。婚礼非常隆重,一般要用全羊招待客人。

瑶族男女双方经过相识、对歌、相恋进入议婚。准备结婚的当年,就要由男方的代表给女方送去聘礼——一个盐包。这是由于"盐"在瑶族是贵重东西的缘故。瑶山盛产黄豆,在婚俗上也就有炒黄豆的习惯。结婚的前一天晚上,新郎与伴郎一起到女家去和新娘及好友围着火塘,谈笑唱歌,吃炒黄豆,黄豆要由新娘自己动手炒。这是瑶族青年男女表达感情的一种方式。第二天一早,新娘就打扮起来,出嫁到男方家。

　　傣族在泼水节时,青年们都打扮得漂漂亮亮,除了泼水、赛龙船、跳孔雀舞以外,还有一个十分重要的活动——丢花包。花包,是姑娘们用花布条拼缝起来的,包心塞满了棉纸,包的四角的花心缀着五条花穗。姑娘们拿着花包站成一排,向相隔两、三丈远的一排小伙子抛去。小伙子接到包后,又马上丢回来。花包飞来飞去,连接了两颗相爱的心。丢包有输赢,接不住包就要挨罚,得把自己最心爱的东西送给对方。姑娘常常送给小伙子簪子、手镯、新衣裳,小伙子常常送给姑娘小匕首、绒花、银钮扣。要是姑娘接受了小伙子的礼物,就会把自己的住址告诉他,以便联系。傣族小伙子晚上散步的时候,还可以用手电筒照自己中意的姑娘,如果姑娘愿意,就顺着光亮向小伙子走去,然后两个人找地方去谈情说爱;如果不愿意,就避开光亮,装作若无其事的样子,继续做自己的事情。一个外乡人到了傣族地区,切不可随意用手电筒照人。先入境问"俗",就可避免一些麻烦。

生　　词

1. 婚俗　　　(名)hūnsú　　　marriage customs
coutume de mariage

2. 婚姻　　　(名)hūnyīn　　　marriage
mariage

102

3. 包办　　　　　（动）bāobàn　　take on what ought to be done by others; run things all by oneself without consulting others

prendre entièrement en charge; ici il s' agit du mariage arrangé

4. 订婚　　　　　dìnghūn　　be engaged (to be married); be betrothed

les fiançailles

5. 媒人　　　　　（名）méiren　　matchmaker; go-between

entremetteur; entremetteuse (de mariage)

6. 颁布　　　　　（动）bānbù　　issue; promulgate

promulguer

7. 婚姻法　　　　hūnyīnfǎ　　marriage law

loi de mariage

8. 制度　　　　　（名）zhìdù　　system; institution

système

9. 修订　　　　　（动）xiūdìng　　revise

réviser

10. 恋爱　　　　　（动、名）liàn' ài　　love; fall in love

tomber amoureux de qn; amour

11. 纷纷　　　　　（副）fēnfēn　　one after another; in succession

successivement; l' un après l' autre

103

12. 对象	(名)duìxiàng	boy or girl friend; a partner in marriage
		fiancé ou fiancée; partenaire
13. 参考	(动)cānkǎo	reference
		référence
14. 形式	(名)xíngshì	form; shape
		forme; formalité
15. 茶话会	cháhuàhuì	tea party
		un thé
16. 俭朴	(形)jiǎnpǔ	thrifty and simple
		économe; frugal; sobre
17. 大方	(形)dàfang	generous
		naturel; sans contrainte; avec aisance
18. 提倡	(动)tíchàng	advocate; promote
		préconiser; ici: encourager
19. 移风易俗	yífēngyìsú	change prevailing
		réformer les mœurs et coutumes, faire changer les us et coutumes
20. 避免	(动)bìmiǎn	avoid
		éviter
21. 型	(名)xíng	mould; model; style; pattern
		style; modèle
22. 拒绝	(动)jùjué	refuse; decline
		refuser

104

23. 充裕	（形）chōngyù	ample	
		suffisant；abondant	
24. 聘礼	（名）pìnlǐ	betrothal gifts	
		cadeaux de fiançailles	
25. 哈达	（名）hādá	hada，a piece of silk used as	
		a greeting gift	
		hada（une bande de soie）	
		offert pour exprimer son	
		respect ou ses vœux chez	
		les Mongols et Tibétains	
26. 槟榔	（名）bīnglang	areca；betel palm	
		arec，aréquier	
27. 德高望重	dégāo	be of noble character and	
	wàngzhòng	high prestige	
		une personne âgée jouissant	
		d'une grande vertu et d'un	
		grand prestige	
28. 饮	（动）yǐn	drink	
		boire	
29. 祝颂人	zhùsòngrén	the man who express good	
		wishes	
		celui qui exprime ses	
		meilleurs vœux	
30. 主持	（动）zhǔchí	preside over	
		présider	
31. 翁姑	wēnggū	a married woman's par-	
		ents-in-law	

le père et la mère de son
mari

32. 岳父　　　（名）yuèfù　　　wife's father; father-in-law

le père de sa femme

33. 岳母　　　（名）yuèmǔ　　　wife's mother; mother-in-
law

la mère de sa femme

34. 新房　　　（名）xīnfáng　　　bridal chamber

chambre nuptiale

35. 绸缎　　　chóuduàn　　　silks and satins

soie et satin

36. 布匹　　　（名）bùpǐ　　　cloth (general term)

tissu

37. 议婚　　　yìhūn　　　discuss matters about mar-
riage

discussion de mariage

38. 缘故　　　（名）yuángù　　　reason; cause

raison; cause

39. 盛产　　　shèngchǎn　　　be rich in; abound in

produire abondamment

40. 黄豆　　　（名）huángdòu　　　soya bean

soja

41. 炒　　　（动）chǎo　　　fry

faire sauter

42. 火塘　　　（名）huǒtáng　　　a kind of stove

une sorte de poêle

43. 寨　　　（名）zhài　　　village

village

44. 打扮	(动)dǎban	dress up; make up
		se parer
45. 孔雀	(名)kǒngquè	peacock
		paon
46. 拼缝	(动)pīnféng	sew together
		coudre avec des pièces de tissu
47. 塞	(动)sāi	fill in; squeeze in
		remplir
48. 缀	(动)zhuì	sew; stitch
		coudre; piquer
49. 花穗	(名)huāsuì	colourful tassel
		frange colorée
50. 抛	(动)pāo	throw; toss
		lancer
51. 挨	(动)ái	suffer
		subir
52. 罚	(动)fá	punish
		punir
53. 簪子	(名)zānzi	hair clasp
		épingle à cheveux
54. 手镯	(名)shǒuzhuó	bracelet
		bracelet
55. 匕首	(名)bǐshǒu	dagger
		poignard
56. 绒花	(名)rónghuā	velvet flowers, birds, etc.
		fleur en velour
57. 钮扣	(名)niǔkòu	button

bouton

58. 手电筒　　　（名）shǒudiàntǒng　flashlight
　　　　　　　　　　　　　　　lampe de poche

59. 中意　　　　　zhòngyì　　be to one's liking
　　　　　　　　　　　　　　plaire; être satisfaisant

60. 若无其事　　　ruòwúqíshì　as if nothing had happened
　　　　　　　　　　　　　　comme si de rien n'était

61. 随意　　　　（副）suíyì　　at will; as one pleases
　　　　　　　　　　　　　　à son gré; librement

62. 入境问俗　　　rùjìngwènsú　on entering a country, in
　　　　　　　　　　　　　　quire about its customs;
　　　　　　　　　　　　　　ask the customs of a place
　　　　　　　　　　　　　　s'informer des coutumes lo
　　　　　　　　　　　　　　cales en passant un lieu

十一、工艺美术

中国工艺美术品,制作精巧,具有优良的民族传统和地方风格,是中国文化艺术宝库中的珍宝。

中国工艺美术历史悠久。远在五千多年前,彩陶工艺就已经有了发展。以后,几乎每个朝代都有代表性的工艺美术品。商、周的青铜器和玉石雕刻,春秋战国的漆器,汉、唐的丝织,宋朝的刺绣,明、清的瓷器和景泰蓝等,为国内人民所喜爱,在国际上也享有盛誉。

中华人民共和国成立后,工艺美术事业得到了新的发展。丰富多彩的工艺美术品,对美化国内人民的物质文化生活,促进国际文化交流和友好贸易的往来,都作出了一定的贡献。

中国工艺美术,行业繁多,品种多样,主要有雕塑、织绣、金属、漆器、编织、陶瓷等。

雕塑包括牙雕、玉雕、石雕等。中国牙雕源远流长,远在三千多年前的商代,就有精巧的象牙雕刻。近代牙雕的主要产地是广州、北京、上海。广州牙雕以象牙球最有特色,有的多达三十余层,玲珑透剔,层层可以转动,并且雕有细致的花纹。北京牙雕以古装仕女和花鸟为主。上海则以小件人物著称。

玉雕的历史更悠久，在新石器时代，即在公元前三千五百年，就有了精工雕刻的作品。原料有白玉、碧玉、翡翠、玛瑙、珊瑚等三十多种。现在玉雕的产地为北京、上海、辽宁等省市。主要产品是人物、花鸟等。艺人们能在一块玉料上雕出精巧的链条，表现出卓越的技艺。

石雕的著名产地有浙江青田和福建寿山。艺人们善于利用石料的天然色彩雕出山水、鸟兽、花果等。青田石雕以雕刻"葡萄山"最有名，满山是枝叶繁茂、果实累累的葡萄树，树上还有欢蹦乱跳的小松鼠，非常逗人喜爱。寿山石雕以雕刻花果、动物和民间故事著称，作品生动形象，富有生活情趣。

中国织绣工艺，品种繁多，绚丽多彩，我们着重介绍一下刺绣。刺绣已有三千多年的历史。著名的品种有苏绣、湘绣、粤绣、蜀绣，称为中国四大名绣。江苏苏州的苏绣，以针脚细密，绣工精致著称，产品以室内装饰为主。湖南湘绣最早是日用品，后来又增加了绘画性题材的作品，以色彩鲜艳著称。广东粤绣以戏装、婚礼服为主，色彩富丽，针法多变。四川蜀绣以被面、枕套、衣服为最多，绣工精致，秀丽生动。

金属工艺目前常见的是景泰蓝和银器。景泰蓝是在明代景泰年间（公元1450—1456）发展起来的，因为多用蓝色，所以习惯称为景泰蓝，是北京的一种具有民族风格的特产。它的制作是先用铜料制成器型，再以扁细铜丝掐成图案花纹，焊接在铜胎上，然后用各种珐琅釉料填在图案花纹里，最后经过烧制、磨光、镀金而成。由于釉料色彩绚丽,铜丝反映出金属光泽,所以具有金碧辉煌的艺术效果。

银器从古至今应用很广,特别是少数民族妇女常用它做首饰,如镯子、戒指、耳环、项链等。有的少数民族妇女银饰满身,闪闪发光,摇曳有声。

漆器也是中国人民喜爱的一种传统工艺品。北京的雕漆,在木胎、铜胎上涂漆数十层甚至上百层,雕出各种图案花纹。江苏扬州也以漆器著称,艺人们在漆器上用贝壳嵌出各种图案花纹,富有装饰效果。此外四川、福建漆器也各具特色。

在中国辽阔的土地上,竹草遍地皆是,民间艺人用这些材料,精巧地编出各种美观实用的篮子、帽子、席子、鞋子、手提包等。浙江、福建等地的竹编,江苏、广东等地的草编,山东、河南、河北的麦杆编驰名国内外。

近年来,艺人们用贝壳、海螺、羽毛制成各种艺术欣赏品,给中国工艺美术园地增添了几束新花。

生　词

1. 工艺　　　（名）gōngyì　　technology

technologie

2. 精巧　　　（形）jīngqiǎo　　delicate and skillful

fin, délicat

3. 技艺　　　（名）jìyì　　artistry

art et technique

4. 高超	（形）gāochāo	superb；excellent
		virtuose
5. 风格	（名）fēnggé	style
		style
6. 珍宝	（名）zhēnbǎo	treasure
		trésor
7. 彩陶	（名）cǎitáo	ancient painted pottery
		poterie colorée
8. 青铜器	（名）qīngtóngqì	bronze ware
		objet de bronze
9. 玉石	（名）yùshí	jade
		jade
10. 雕刻	（动、名）diāokè	carve；carving
		gravure；graver
11. 漆器	（名）qīqì	lacquerware
		article de laque
12. 丝织	（名）sīzhī	silk knit
		tissu de soie
13. 刺绣	（名）cìxiù	embroidery
		broderie
14. 瓷器	（名）cíqì	chinaware
		porcelaine
15. 景泰蓝	（名）jǐngtàilán	cloisonné enamel
		cloisonné
16. 丰富多彩	fēngfùduōcǎi	rich and colourful
		riche et coloré
17. 美化	（动）měihuà	beautify；embellish
		embellir

112

18. 贸易	（名）màoyì	trade
		commerce
19. 行业	（名）hángyè	profession
		profession
20. 繁多	（形）fánduō	various
		varié
21. 雕塑	（名）diāosù	sculpture
		sculpture
22. 织绣	zhīxiù	weaving and embroidery
		tissage et broderie
23. 金属	（名）jīnshǔ	metal
		métal
24. 编织	（动）biānzhī	weave
		tricoter; tresser
25. 陶瓷	（名）táocí	pottery and porcelain
		poterie et porcelaine
26. 牙雕	（名）yádiāo	ivory carving
		sculpture sur ivoire
27. 石雕	（名）shídiāo	stone carving
		sculpture sur pierre
28. 源远流长	Yuányuǎn liúcháng	a distant source and a long stream; (fig.) of long standing; well established avoir une longue histoire; remonter à une époque lointaine
29. 余	（形）yú	more than; over
		plus de

113

30. 玲珑透剔		línglóngtòutì	exquisitely carved; beautifully wrought
			finement travaillé; ciselé avec art
31. 细致	(形)	xìzhì	careful; in detail
			fin; minutieux
32. 花纹	(名)	huāwén	decorative pattern
			motif
33. 古装		gǔzhuāng	ancient costume
			costume ancienne
34. 仕女	(名)	shìnǚ	traditional Chinese painting of beautiful women
			peinture chinoise représentant une beauté
35. 精工		jīnggōng	make with extra care
			travail minutieux
36. 碧玉	(名)	bìyù	jasper
			jade émeraude
37. 翡翠	(名)	fěicuì	jadeite
			jadéite
38. 玛瑙	(名)	mǎnǎo	agate
			agate
39. 珊瑚	(名)	shānhú	coral
			corail
40. 艺人	(名)	yìrén	artisan; handicraftsman
			artisan
41. 链条	(名)	liàntiáo	chain
			chaîne

114

42. 卓越	（形）zhuōyuè	outstanding
		excellent；éminent
43. 善于	（动）shànyú	be good at
		exceller à
44. 繁茂	（形）fánmào	lush
		touffu
45. 累累	（形）lěilěi	innumerable；countless
		innombrable；en masse
46. 欢蹦乱跳	huānbèng	healthy-looking and viva-
	luàntiào	cious
		sautiller de joie
47. 松鼠	（名）sōngshǔ	squirrel
		écureuil
48. 逗人	dòurén	amuse
		amusant
49. 生动	（形）shēngdòng	vivid
		vivant
50. 情趣	（名）qíngqù	temperament and interest
		charme；agrément
51. 绚丽多彩	xuànlìduōcǎi	gorgeous；bright and
		colourful
		splendide et colorant
52. 针脚	（名）zhēnjiao	stitch
		maille
53. 细密	（形）xìmì	fine and closely woven
		fin et dense
54. 装饰	（动、名）zhuāngshì	decorate
		décorer

55. 日用品	（名）	rìyòngpǐn	daily necessities
			articles d'usage courant
56. 绘画	（名）	huìhuà	drawing; painting
			peinture; dessin
57. 题材	（名）	tícái	subject matter; theme
			thème; sujet
58. 鲜艳	（形）	xiānyàn	bright-coloured
			éclatant; vif
59. 富丽	（形）	fùlì	splendid
			splendide
60. 针法		zhēnfǎ	method of stitch
			méthode d'un point d'ai-
			guille
61. 被面	（名）	bèimiàn	the facing of a quilt
			dessus de la housse d'une
			couverture
62. 枕套	（名）	zhěntào	pillowcase
			taie d'oreiller
63. 秀丽	（形）	xiùlì	beautiful
			gracieux et beau
64. 银器	（名）	yínqì	silverware
			argenterie
65. 扁	（形）	biǎn	flat
			plat; aplati
66. 铜丝	（名）	tóngsī	copper wire
			fil de cuivre
67. 掐	（动）	qiā	pinch
			pincer

116

68. 图案	（名）tú'àn	pattern	
		dessin；motif	
69. 焊接	（动）hànjiē	weld	
		soudre	
70. 铜胎	（名）tóngtāi	copper embryo	
		ébauche de cuivre	
71. 珐琅	（名）fàláng	enamel	
		émail	
72. 釉料	（名）yòuliào	glaze matter	
		glaçure	
73. 填	（动）tiān	fill	
		remplir	
74. 磨光	（动）móguāng	polish	
		polir	
75. 镀金	dùjīn	gold-plating	
		dorer；dorure	
76. 反映	（动）fǎnyìng	reflect	
		refléter	
77. 光泽	（名）guāngzé	lustre；gloss	
		brillant；lustre	
78. 金碧辉煌	jīnbì huīhuáng	(of buildings etc.) splendid in green and gold décoration éblouissante d'or et d'émeraude；ruisseler de lumière et de splendeur	
79. 效果	（名）xiàoguǒ	effect	
		effet	

117

80. 首饰	（名）shǒushi	jewelry
		bijou
81. 戒指	（名）jièzhi	(finger) ring
		bague
82. 耳环	（名）ěrhuán	earrings
		boucles d' oreille
83. 项链	（名）xiàngliàn	necklace
		collier
84. 闪	（动）shǎn	glitter; shine
		scintiller
85. 摇曳	（动）yáoyè	sway
		secouer
86. 雕漆	（名）diāoqī	carved lacquerware
		laque sculptée
87. 木胎	（名）mùtāi	wooden embryo
		ébauche de bois
88. 嵌	（动）qiàn	inlay; embed
		incruster
89. 皆	（副）jiē	all; each and every
		tout; tous
90. 竹编	（名）zhúbiān	bamboo weaving
		vannerie de bambou
91. 草编	（名）cǎobiān	straw plait (weave)
		vannerie en paille
92. 麦杆编	（名）màigǎnbiān	weave with wheat straw
		vannerie en paille de blé
93. 海螺	（名）hǎiluó	conch
		conque marine

118

94. 束　　　　（量）shù　　　　bundle; bunch
　　　　　　　　　　　　　　　　　bouquet

专　名

1. 商代　　　Shāngdài　　　the Shang Dynasty（1711-
　　　　　　　　　　　　　　1066 B. C.）
　　　　　　　　　　　　　　dynastie des Shang（1711-
　　　　　　　　　　　　　　1066 av. J.-C.）

2. 周代　　　Zhōudài　　　the Zhou Dynasty（1066—
　　　　　　　　　　　　　　256 B. C.）
　　　　　　　　　　　　　　dynastie des Zhou（1066-
　　　　　　　　　　　　　　256 av. J.-C.）

3. 春秋　　　Chūnqiū　　　the Spring and Autumn Pe-
　　　　　　　　　　　　　　riod（770-476 B. C.）
　　　　　　　　　　　　　　époque des Printemps et
　　　　　　　　　　　　　　Automnes（770—475 av.
　　　　　　　　　　　　　　J·-C.）

4. 新石器时代　Xīnshíqìshídài　the Neolithic Age; the New
　　　　　　　　　　　　　　Stone Age
　　　　　　　　　　　　　　âge néolithique

5. 浙江青田　　Zhèjiāng Qīngtián　name of a place
　　　　　　　　　　　　　　nom de lieu

6. 福建寿山　　Fújiàn Shòushān　name of a place
　　　　　　　　　　　　　　nom de lieu

119

7. 江苏苏州　　Jiāngsū Sūzhōu　　a city in Jiangsu Province
la ville de Suzhou, dans la
province du Jiangsu

8. 江苏扬州　　Jiāngsū Yángzhōu　　Yangzhou City in Jiangsu
Province
la ville de Yangzhou, dans
la province du Jiangsu

十二、丝 绸

丝绸是中国的一种传统的手工业产品，也是一种传统的工艺品。中国是世界上最早发现蚕丝的国家。在中国有许多关于养蚕和织丝的传说。早在远古时代，人们就开始养 蚕织帛。商朝的甲骨文中已有𤔔（桑）、𢇛（丝）、帛（帛）等字。中国最早的一部诗歌总集《诗经》中已有描写妇女养蚕织帛劳动的诗篇。比如《豳（bīn）风·七月》①有这样的诗句（大意）：

> 春天里好太阳，
> 黄莺儿叫得忙。
> 姑娘们拿起高筐筐，
> 走在小路上，
> 去采鲜嫩的桑叶。

《小雅·巷伯》②有这样的诗句（大意）：

> 彩绸亮啊花线明啊，
> 织成贝纹锦。

中国的丝绸工业随着社会生产的发展而发展。唐代是中国丝绸生产的繁盛时代，当时，丝绸生产分工精细，技术高超，品种繁多，花式新鲜。江南的"缭绫"和"红线毯"是当时有名的产品。缭绫产于浙江绍兴，唐朝诗人白居易⑧写了一首歌颂"缭绫"的诗:"应似天台山上明月前,四十五尺瀑布泉"④,意思是缭绫就象瀑布一样,洁白光彩。"红线毯"产于安徽宣城,白居易在一首名叫《红线毯》的诗中说:"彩丝茸茸香拂拂,线软花虚不胜物"⑤意思是红线毯是那样松软,放上一点东西就陷下去。

明清时代出现了"江南三织造"⑥组织生产专供宫廷用的各种丝绸。明朝的妆花⑦享有盛名,人们可以在透明的薄纱底上,织出五光十色的花纹,被称为"妆花纱"。用棉纱作经线、蚕丝作纬线织成的"妆花丝布",看起来花明底暗,是中国西南部少数民族的特产。

丝绸用处很广,它不仅用来作衣料,还可以用来装裱书画,作礼品等。特别好的织锦常用来供人们欣赏。北京的故宫里,至今还陈列着许多丝织品,如龙袍、台毯、宫扇之类的东西。其中特别可观的是一件名叫"极乐世界图"的巨幅织锦,这是清朝时苏州织造的,长四百五十一公分,宽一百九十五公分,上面有佛象二百七十四尊,个个眉目清晰,表情生动,织工的精美大大超过了前代。

中国丝绸早在两千多年前就传到了波斯⑧和欧洲等地。著名的"丝绸之路"就是公元前138年汉朝张骞⑨把丝绸带到中亚西亚去的道路。据说,当时罗马的一个皇帝曾穿着中国的丝袍去看戏,大臣们赞扬那是世界上最好的衣服。从此,有钱的人都喜欢穿丝绸,中国也就被称为"东方丝国"。

生　词

1. 蚕丝　　　（名）cánsī　　　natural silk; silk
　　　　　　　　　　　　　　　soie naturelle; soie

2. 远古　　　（名）yuǎngǔ　　　remote antiquity
　　　　　　　　　　　　　　　antiquité

3. 帛　　　　（名）bó　　　　　silks
　　　　　　　　　　　　　　　soierie; tissu de soie

4. 甲骨文　　（名）jiǎgǔwén　　inscriptions on bones or
　　　　　　　　　　　　　　　tortoise shells of the Shang
　　　　　　　　　　　　　　　Dynasty （16th —— 11th
　　　　　　　　　　　　　　　century B.C.）
　　　　　　　　　　　　　　　inscriptions sur os d'ani-
　　　　　　　　　　　　　　　maux ou sur écaille de
　　　　　　　　　　　　　　　tortues, de la dynastie des
　　　　　　　　　　　　　　　Shang (XVIᵉ-XIᵉ siècle av.
　　　　　　　　　　　　　　　J.-C.)

5. 桑　　　　（名）sāng　　　　mulberry
　　　　　　　　　　　　　　　mûrier

6. 黄莺　　　（名）huángyīng　oriole
　　　　　　　　　　　　　　　loriot

7. 筐　　　　（名）kuāng　　　small basket
　　　　　　　　　　　　　　　panier

8. 鲜嫩　　　（形）xiānnèn　　fresh and tender
　　　　　　　　　　　　　　　tendre et frais

9. 贝纹锦	(名) bèiwénjǐn	one kind of brocade	
		une sorte de brocart	
10. 繁盛	(形) fánshèng	thriving; prosperous	
		prospère; florissant	
11. 分工	(动) fēngōng	divide up the work; division of labour	
		division du travail	
12. 缭绫	(名) liáolíng	a kind of silk	
		une sorte de soie	
13. 红线毯	(名) hóngxiàntǎn	a kind of silk carpet	
		une sorte de tapis en soie	
14. 瀑布	(名) pùbù	waterfall	
		cascade	
15. 陷	(动) xiàn	sink in	
		s'enfoncer	
16. 纱	(名) shā	yarn	
		gaze	
17. 五光十色	wǔguāngshísè	bright with many colours	
		lumineux et multicolore	
18. 经线	(名) jīngxiàn	warp	
		fil de chaîne	
19. 纬线	(名) wěixiàn	weft (yarn)	
		fil de trame	
20. 特产	(名) tèchǎn	special local product	
		produit local	
21. 装裱	(动) zhuāngbiǎo	mount (a picture, etc.)	
		monter (une peinture)	

124

22. 书法	（名）shūfǎ	handwriting; calligraphy	
		calligraphie	
23. 陈列	（动）chénliè	display; exhibit	
		exposer; exhiber	
24. 龙袍	（名）lóngpáo	imperial robe	
		robe impériale	
25. 台毯	（名）táitǎn	one kind of carpet	
		une sorte de tapis	
26. 宫扇	（名）gōngshàn	a big fan serving as a decoration in a palace; palace fan	
		éventail de soie（autrefois utilisé comme ornement dans la cour impériale; éventail de palais）	
27. 可观	（形）kěguān	considerable	
		considérable	
28. 巨	（形）jù	huge	
		énorme; gigantesque	
29. 幅	（量）fú	used for cloth, picture, paintings, etc	
		spécificatif pour peintures, tableaux	
30. 佛像	（名）fóxiàng	figure（or image）of the Buddha	
		figure ou portrait de Bouddha	

31. 尊	（量）zūn	used for statues of the Buddha, artillery, etc.
		spécificatif pour statues de Bouddha
32. 眉目	（名）méimù	features; looks
		air; physionomie
33. 清晰	（形）qīngxī	distinct; clear
		distinct; clair
34. 表情	（名）biǎoqíng	facial expression
		expression
35. 丝袍	（名）sīpáo	silk robe
		robe de soie

专　　名

1. 绍兴	Shàoxīng	Shaoxing City
		nom de ville（dans la province du Zhejiang）
2. 宣城	Xuānchéng	name of a town
		nom de ville（dans la province de l'Anhui）
3. 极乐世界图	Jílèshìjiètú	name of a picture
		nom d'une peinture（"le Monde du paradis"）
4. 中亚西亚	Zhōngyàxīyà	Central Asia
		Asie centrale

126

5. 罗马　　　　　Luómǎ　　　　　　Rome

Rome

注　释

①《豳风·七月》原诗为：

《豳风·七月》*Seventh Month from the Airs of Bin*. The o-
riginal reads：

Le texte original "豳风·七月"(*Le septième mois provenant
des chants folkloriques Bin*)：

春日载阳，

有鸣仓庚

女执懿筐

遵彼微行

爰求柔桑。

……

②《小雅·巷伯》原诗为：

《小雅·巷伯》*The Xiangbo from the Smaller Art-songs*. The
original reads：

Le poème original "小雅·巷伯"(*Le Xiangbo provenant des
chants "Petit art"*：

萋兮斐兮，

成是贝锦。

……

③白居易：唐代大诗人,详见第十八课。

Bai Juyi：the great Tang Dynasty poet. (For details see Les-
son 18.)

127

Bai Juyi est un grand poète des Tang (voir leçon 18).

④天台山,在浙江境内。全句意思是,缭绫就象天台山的瀑布,在皎洁的月光映照下,显得那样洁白光彩。

Mt. Tiantai: within the borders of Zhejiang. The lines mean "Liaoling (a king of brocade) has the pure white lustre of limpid moonlight reflected in the waterfalls of Mt. Tiantai".

Le mont Tiantai est situé dans la province du Zhejiang. La phrase signifie que la soie *Liaoling* est comme la cascade du mont Tiantai, qui s'illumine au clair de lune.

⑤茸(róng)茸,形容彩丝又软又密;拂(fú)拂,香气轻飘貌;不胜物,禁不住东西压。全句意思是,丝毯松软,香气飘举,放上一点东西就会陷下去。

"茸(róng)茸"describes the softness and fineness of coloured silk; "拂(fú)拂"the wafting of perfume; "不胜物"means that it gives under pressure. The lines mean "perfume wafts upwards from soft carpets into which any object will sink".

"茸(róng)茸"veut dire que les tissus de soie en couleur sont moelleux et souples, "拂(fú)拂" signifie que l'odeur du parfum monte en spirale; "不胜物"signifie "ne pouvoir supporter d'objet qui pèse". Toute la phrase veut dire que le tapis en soie parfumé est si moelleux qu'il s'enfonce sous le poids du moindre objet.

⑥江南三织造:明清时,官府在杭州、苏州、南京设立的专管织造各种丝织品以供皇室消费的机构。

The three South China weaving factories: local authority establishments specially set up in Hangzhou, Suzhou and Nanjing under the Ming and Qing Dynasties to supply all kinds of silk fabric for the consumption of the imperial house.

Trois fabriques de tissage de textiles au Sud du Changjiang:

128

Sous les Ming et les Qing, le gouvernement établit à Hangzhou,
à Suzhou et à Nanjing des fabriques chargées spécialement du tis-
sage des soies de toutes sortes pour la consommation de la famille
impériale.

⑦妆花：多彩丝绸织花的专门术语。明代的妆花品种，除锦缎外，还
有很多织法复杂的纱、罗、丝绒等。

Zhuanghua: a technical term for multicoloured silk pattern
weaving. Ming Dynasty zhuanghua articles include much compli-
cated work in yarns, gauzes and velvets as well as in brocades.

Zhuanghua est un terme spécifique concernant le tissage de
soie à fleurs multicolores. Outre le brocart, il y avait encore,
sous la dynastie de Ming, la gaze, la mousseline de soie et les
velours de soie tissés d'une façon complexe.

⑧波斯：公元前六世纪中期兴起于伊朗高原的奴隶制国家。

Persia: a slave owning state which arose on the Iranian
plateau in the middle of the sixth century B. C.

La Perse était un pays esclavagiste qui prospéra vers le mi-
lieu du Ⅵ^e siècle av. J. -C. sur le plateau de l'Iran.

⑨张骞：（？ —前114)陕西固城人。公元前139、前115年两次奉汉
武帝之命出使大月氏(zhī)，进一步沟通并加强了与中亚各地人民
的友好关系，促进了经济文化的交流和发展。

Zhang Qian (? -114B. C.): a man from Gucheng in Shaanx-
i, who was twice sent out, in 139 B. C. and 115 B. C., to the
Dayuezhi on the orders of Han Wudi, and who greatly facilitated
and strengthened friendly relations with the peoples of Central
Asia, thus furthering economic and cultural interflow and devel-
opment.

Zhang Qian (? —114 av. J. -C.) est né dans la ville de

Gucheng de la province du Shaanxi. En 139 et 115 av. J.-C.,
Zhang Qian, sous l'ordre de l'empereur Wudi des Han, arriva
en mission à Dayuezhi; il noua et renforça ainsi les relations ami-
cales entre les peuples d'Asie centrale, et promut les échanges et
le développement économiques et culturels mutuels.

十三、陶　　瓷

　　中国是陶瓷生产的故乡。数千年来,在中国辽阔的国土上,几次出现过陶瓷生产的兴盛时期,创造了当时当地著名的陶种、瓷种、色釉和新工艺,丰富了古老的民族技艺传统。

　　远在新石器时代,就已制作出优美的彩陶和黑陶。经过长期的实践,人们在陶器生产的基础上,又创造出了瓷器。

　　中国瓷器正式出现于三国时代,即公元三世纪。越窑(今浙江绍兴)青瓷是中国真正瓷器之始。当时的青瓷呈青白色,或者说呈缥色,所以又叫缥瓷。

　　隋唐五代时,由于对外贸易的发展,铜币缺乏,铜器被禁用,加上饮茶之风遍于各地,茶具越来越被重视,因而促进了瓷器生产的发展。就青瓷说,越窑生产一种秘色瓷,陆羽在《茶经》中把它评为全国第一。柴窑(有人说在今河南郑州)生产的"雨过天青"曾被人誉为"青如天,明如镜,薄如纸,声如磬"。隋代已烧制成功白瓷,邢窑(今河北内丘县,一说临城县)生产的白瓷可与越窑青瓷媲美。

　　宋以前,中国瓷器主要是青釉和白釉两种,到了宋代,发展为多种多样的颜色釉①,瓷器的装饰方法也有了明显的进步。除发展了传统的刻花、印花以外,又创造了用毛笔绘画的方法。当时名窑很多,青瓷瓷窑有汝窑(今河南临汝)、龙泉窑(今浙江龙泉县,以章氏兄弟的哥窑和弟窑最有名)、钧窑(今河南禹县)等,白瓷瓷窑主要是定窑(今河北曲阳县)。

元明以来,中国瓷器的色彩由单彩发展为多彩,因而有人说,明代以前中国瓷器为素瓷时代,之后为彩瓷②时代。瓷窑数及产量明显增加。全国瓷业大都集中于景德镇。景德镇原名新平,因为宋代景德年间(公元1004—1007)这里为宫廷生产的瓷器都署以"景德年制"字样,景德镇的名字就沿用了下来,后来成了中国的瓷都。景德镇的瓷窑分官窑和私窑两种,官窑出产宫廷用瓷,私窑完全是商品生产。除景德镇以外,宜兴窑(今江苏宜兴县)、石湾湾窑(今广东南海县)生产的陶器也驰名全国。

清中叶是中国瓷器发展的鼎盛时期,制瓷技术有更大提高,胎釉细腻,色彩鲜明。当时中国瓷器已形成造型、雕塑、绘画、色釉等综合装饰。瓷窑数也有所增加,跟明代一样,瓷窑仍分官窑和私窑两种。

新中国成立后,中国陶瓷生产放射出异彩,日用瓷和陈列瓷都在传统技艺的基础上有所发展和创新。各地陶瓷形成了自己的独特色彩,象江西景德镇的青花③、粉彩④,湖南醴陵的釉下彩⑤,广东广州的彩瓷,广东石湾的美术陶,河北唐山的喷彩⑥、雕金⑦,山东淄博的雨点釉⑧,江苏宜兴的陶器等,闻名全世界,受到国内外人民的喜爱和赞赏。

中国是世界上陶瓷出口最早的国家。唐代和宋代,陶瓷就是重要的出口商品之一,销售到日本,印度和埃及等国家。郑和®七次下西洋及马可·波罗来中国,使中国陶瓷广泛地介绍到欧洲。国外多次派人来中国学习制造陶瓷。欧洲国家输入中国的瓷器之初,都把它看成珍宝,也只限于那些国家的宫廷贵族享用或收藏。据说,荷兰人把中国瓷器运到欧洲后,人们争相购买,价值与同重量的黄金相等。到了十七世纪清代初年,海运船队发展以后,中国陶瓷才大量销售到欧洲各国。

生　　词

1. 黑陶	(名)	hēitáo	black pottery
			poterie noire
2. 正式	(形)	zhèngshì	formal
			officiel
3. 青瓷	(名)	qīngcí	celadon(ware)
			céladon
4. 呈	(动)	chéng	appear; present; emerge
			sembler; paraître
5. 缥色	(名)	piǎosè	light greenish blue
			bleu clair ou vert clair; bleu d'azur
6. 禁用		jìnyòng	be forbidden to use
			défendre; interdire

7. 茶具 （名）chájù tea set
théière

8. 磬 （名）qìng inverted bell （a Buddhist
percussion instrument）;
chime stone
pierre sonore （suspendue à
un bâti, un ancien instru-
ment à percussion）; gong
de bronze （en forme de bol,
employé dans les cérémo-
nies religieuses）

9. 媲美 （动）pìměi compare favourably with
soutenir la comparaison
avec

10. 白瓷 （名）báicí white porcelain
porcelaine blanche

11. 明显 （形）míngxiǎn clear; obvious
évident; clair

12. 毛笔 （名）máobǐ writing brush
pinceau à encre

13. 素瓷 （名）sùcí celodon （ware） and white
porcelain
porcelaine de couleur unie

14. 彩瓷 （名）cǎicí coloured porcelain
porcelaine colorée

15. 署 （动）shǔ sign
signer

134

16. 字样	（名）zìyàng	printed or written words
		caractère
17. 沿用	（动）yányòng	continue to use （an old method，etc.）
		continuer à utiliser；être encore en usage
18. 官窑	guānyáo	government-owned kiln
		four officiel
19. 私窑	sīyáo	private kiln
		four privé
20. 中叶	（名）zhōngyè	middle period
		milieu d'une période
21. 鼎盛	（形）dǐngshèng	in a period of great prosperity
		（atteindre）à son apogée
22. 细腻	（形）xìnì	fine and smooth
		minutieux；raffiné
23. 造型	（名）zàoxíng	shape；modelling；mould-making
		plastique
24. 综合	（形）zōnghé	synthetical；comprehensive
		synthétique
25. 放射	（动）fàngshè	radiate
		rayonner
26. 异彩	（名）yìcǎi	extraordinary （or radiant） splendour
		splendeur extraordinaire

27. 创新	（动）chuàngxīn	bring forth new ideas
		renouveler
28. 经商	jīngshāng	engage in trade；be in business
		faire du commerce
29. 输入	（动）shūrù	import
		importer
30. 限于	（动）xiànyú	be confined to
		restreindre；limiter
31. 贵族	（名）guìzú	noble；aristocrat
		noble；aristocrate
32. 收藏	（动）shōucáng	collect；store up
		collectionner；recueillir et conserver
33. 海运	hǎiyùn	sea transportation；ocean shipping
		transport maritime
34. 销售	（动）xiāoshòu	sell
		vendre

专　名

| 1. 越窑 | Yuèyáo | name of a porcelain kiln |
| | | nom d'un four de porcelaine |

2. 五代	Wǔ Dài	the Five Dynasties（907—960）, namely the later Liang Dynasty（907—923）, the later Tang Dynasty（923—936）, the later Jin Dynasty（936—946）, the later Han Dynasty（947—950）and the later Zhou Dynasty（951—960） époque des Cinq Dynasties（907—960）, qui sont la dynastie des Liang postérieurs（后梁, 907—923）, la dynastie des Tang postérieurs（后唐, 923—936）, la dynastie des Jin postérieurs（后晋, 936—946）, la dynastie des Han postérieurs（后汉, 947—950）, la dynastie des Zhou postérieurs（后周, 951—960）.
3. 柴窑	Cháiyáo	name of a porcelain kiln nom d'un four de porcelaine
4. 邢窑	Xíngyáo	name of a porcelain kiln nom d'un four de porcelaine
5. 汝窑	Rǔyáo	name of a porcelain kiln nom d'un four de porcelaine

6. 龙泉窑	Lóngquányáo	name of a porcelain kiln
		nom d'un four de porcelaine
7. 钧窑	Jūnyáo	name of a porcelain kiln
		nom d'un four de porcelaine
8. 定窑	Dìngyáo	name of a porcelain kiln
		nom d'un four de porcelaine
9. 景德镇	Jǐngdézhèn	name of a town
		nom de lieu
10. 宜兴窑	Yíxīngyáo	name of a pottery kiln
		nom d'un four de porcelaine
11. 石湾窑	Shíwānyáo	name of a pottery kiln
		nom d'un four de porcelaine
12. 醴陵	Lǐlíng	name of a town
		nom de lieu
13. 唐山	Tángshān	name of a town
		nom de ville
14. 淄博	Zībó	name of a town
		nom de ville
15. 印度	Yìndù	India
		Inde
16. 埃及	Āijí	Egypt
		Egypte
17. 荷兰	Hélán	the Netherlands
		la Hollande

注 释

①颜色釉:各种颜色的釉。名贵的传统产品有祭红、均红、美人

138

醉、乌金、茶叶末、玫瑰紫、霁兰、影青以及结晶釉等。颜色釉多用于陈列瓷,也有一些用于日用瓷的装饰上。

Coloured glaze: glazes of all colours, including such prized traditional wares as *jihong* (sacrifical red), *junhong* (chun-ware red), *meirenzui* (ruddy), *wujin* (warm dark), *chayemo* (colour of tea dust), *meiguizi* (rosy), *jilan* (azure), *yingqing* (pale blue-green) and *jiejing* (crystal), used mainly on porcelain for show, and sometimes also for decorating everyday porcelain.

Glaçure polychrome: Elle désigne des glaçures de pâtes polychromes dont les plus célèbres sont *jihong* (rouge de sacrifices), *junhong* (rouge de Jun), *meirenzui* (rose pâle), *wujin* (noir vif), *chayiemo* (couleur des miettes de thé), *meiguizi* (rose), *jilan* (bleu du ciel) *yingqing* (bleu vert pâle), ainsi que des glaçures cristallisées. La glaçure polychrome est, dans la plupart des cas, utilisée pour la porcelaine d'exposition, mais aussi pour le décor de la porcelaine d'usage quotidien.

②彩瓷:分五彩、青花两种。五彩不一定是五种颜色,它泛指多种颜色。

Coloured porcelain: divided into pentachrome and blue-and-white. Pentachrome need not contain five colours, but is a general term for multicoloured ware.

Porcelaine colorée: La porcelaine se divise en deux types: porcelaine pentachrome et porcelaine bleu-blanc. Le pentachrome ne contient pas forcément cinq couleus, mais un terme polychrome.

③青花:景德镇瓷器中珍贵的釉下装饰品种,其特点是色白花青、幽美雅致、经久耐用。

Blue-and-white porcelain: a highly valued underglaze deco-

139

ration on Jingdezhen porcelain, characterized by a blue design on a white ground, of quite exquisite taste and durability.

Porcelaine "bleu-blanc": C' est un genre précieux de porcelaine avec une décoration au-dessous du vernis. La porcelaine de couleur blanche au motif bleu est renommée pour sa beauté et son élégance, mais aussi pour sa résistance dans l' usage courant.

④粉彩：是运用国画技法发展起来的，颜色粉润柔和，色彩丰富绚丽，形象生动逼真。

Pale-coloured porcelain: developed by employing traditional Chinese painting techniques with soft colours in a variety of gorgeous hues and vivid, lively forms.

Fencai (décor de couleur pâle): Le décor de couleur pâle s'est développé en utilisant la technique de l'exécution de la peinture traditionnelle chinoise. Sa couleur est peu foncée et tendre avec des variantes lumineuses et éclatantes. Les objets décorés en *fencai* sont d' une vivacité naturelle.

⑤釉下彩：装饰纹样绘在生坯上，然后覆盖一层透明的釉料经高温烧成，瓷上的画面显得格外富丽鲜艳、优美宜人。

Underglaze porcelain: the designs of the decoration are first painted on to the unfires pot, then a layer of transparent glaze is applied over it so that after firing at a high temperature the porcelain displays an exquisitely painted surface of great splendour and colour.

Décor sous couverte: On dessine des motifs sur le biscuit, puis on le couvre d' un vernis transparent; enfin, on obtient une surface peinte après la cuisson. Le tableau sur porcelaine est d'une grande splendeur et d' une élégance rare.

⑥喷彩：它的装饰色彩浓艳，饱满，图案花型生动别致。

Colour-sprayed porcelain: gaudy decoration, unique in its vividly patterned design.

Couleur pulvérisée: Elle est éclatante, foncée et épaisse. Les motifs sont vivants et originaux.

⑦雕金:是一种雕花嵌金的瓷器,花纹美丽,色调鲜明,幽雅大方,精细美观,给人富丽堂皇的感觉。

Gold-inlayed porcelain: a kind of carved porcelain inlayed with gold, giving an impression of sumptuousness with its fine patterning, fresh combination of colours, elegance of taste and detailed artistry.

Porcelaine sculptée et incrustée d'or: La porcelaine avec ses beaux motifs de pâtes épaisses donne une impression de magnificence, d'élégance et de raffinement. Tout l'ensemble respire la splendeur.

⑧雨点釉:史称"油滴",因在乌黑的釉面上呈现晶莹的银色斑点而得名。

Raindrop glaze: known historically as "oilspot" owing to the appearance on the jet-black ground of translucent silvery speckles.

Porcelaine vernissée avec décoration en "gouttes de pluie": Autrefois on l'appelait "gouttes d'huile". Le nom vient des tachetures d'argent brillantes dispersées sur l'émail noir.

⑨郑和:明代航海家。公元1405年,明成祖朱棣(di)派他率领水手官兵两万七千人乘船六十二艘,出使西洋(今南洋群岛和印度洋一带)。二十八年中,郑和率船队七次远航,到过三十多个国家,与亚非国家建立了友好关系。

Zheng He: a Ming Dynasty mariner sent by Ming Chengzu (Zhu Di) in 1405 to the Western Oceans (i. e. the Malay archipelago and the Indian Ocean) in command of twenty-seven thousand sailors and government troops on board sixty-two ships. Zheng He led his fleet on seven voyages spread over twenty-eight years, visiting some thirty countries and setting up friendly relations with the countries of Asia and Africa.

Zheng He était un navigateur de la dynastie des Ming. En 1405, Zheng He, envoyé en mission par Zhu Di, empereur Chengzu de la dynastie des Ming, arriva dans l'Océan occidental (actuellement régions de l'Archipel malais et celles de l'Océan indien) avec 27000 officiers et matelots en 62 bateaux. Pendant 28 ans, Zheng He pratiqua sept fois la navigation au long cours avec son équipage, il atteignit une trentaine de pays, établissant des relations amicales entre les pays d'Asie et d'Afrique.

十四、古代绘画及著名画家

中国有丰富的绘画遗产，数千年来，出现过众多的著名画家和大量的优秀画作。在新石器时代，绘画主要表现在陶器的装饰上。周秦两汉，壁画有突出的成就，内容多是政治宣传，如画周公①、孔子②、功臣的肖像等。魏晋南北朝，道士画、人物画、肖像画成就卓著，山水画处于萌芽状态，大都做为人物的背景出现，顾恺之、陆探微、③张僧繇④是当时有影响的画家。隋唐，道士画、人物画极度发展，壁画、卷轴画盛行。代表作家有阎立本⑤、吴道子；山水画、花鸟画、鞍马画也都蔚然成风，李思训⑥、王维⑦成就较大。五代两宋，道士画、人物画日渐衰微，山水画、花鸟画特别繁盛，关仝⑧、李成、范中立⑨的山水画影响较大。元明清，人物画越来越少，山水画、花鸟画风靡一时，版画出现，复古主义、模仿主义是主流，赵孟頫⑩、沈周⑪、唐寅、文徵明⑫、仇英⑬、董其昌⑭等人较突出。

下面介绍几位画家：

顾恺之(约345－406)，字长康。江苏无锡人。博学有才气，人称有"三绝"——才绝、画绝、痴绝⑮。他的成就主要在绘画方面，他是东晋时杰出画家。当时流行的道士画、人物画、肖像画、历史故事画，他都很擅长。他的笔迹

143

周密，风格独特。他十分重视人物性格和神情的刻画，提出了"以形写神"的主张。据说，他画人物，各部分画好以后，单留下眼睛不画，一搁几年，别人问他原因，他说：人体其他部分画得美一些丑一些都不十分要紧，要能表现出人的精神面貌，真正画得很象，关键全在眼睛上[16]。顾恺之的作品摹本[17]现在仅有《女史箴图卷》和《洛神赋图卷》。《女史箴图卷》是根据张华[17]的《女史箴文》绘制的，主要描写春秋和两汉以来一些宫廷妇女箴诫丈夫的事迹。《洛神赋图卷》是根据曹植[18]的《洛神赋》绘制的，以曹植在洛水遇宓妃的故事为题材，表现了在封建礼教束缚下青年男女爱情受到压抑的主题。这两卷画，图文配合，采取了长卷形式，人物神态刻画得栩栩如生，每幅画都有背景。顾恺之是中国绘画史上有影响的画家，当时的谢安说"顾长康画，有苍生以来所无。"

　　吴道子（约为八世纪前叶人）又名吴道玄。唐代著名画家。河南禹县人。他在绘画上有多方面的修养和高深的造诣，是人物画、道士画、山水画无所不能的画家，最擅长画佛道人物。他的画笔迹简练，后人把他和张僧繇称为"疏体"，以区别于顾恺之、陆探微的"密体"。曾在长安、洛阳作过三百多处佛道画。他的画生动而有立体感，人物的衣褶象要飘起来。传说京城的屠户、渔民等见了他画的"地狱变相"，因害怕杀牲获罪入地狱，纷纷改业[19]。在山水画方面，他也是突破旧格的画家，他画的嘉陵江水壁画，自由奔放。吴道子在中国绘画史上有崇高地位，元代夏文彦[20]把他尊为"画圣"，直到现在，在工匠中，还有人把他当做祖师。吴道子的作品现在很难找到,仅存《送子天王图》,是宋代人学吴道子风格的作品。

李成(919—967),五代、宋初画家。祖居西安,后迁居山东益都。善于画山水,常画平远寒林。画法简练,好用淡墨,人称"惜墨如金"。宋代评论家对他的山水画推崇倍至,《宣和画谱》[20]说:在山水画画家中,李成数第一。他的作品北宋时已不多见,现在仅存《读碑图》。

唐寅(1470—1523)明代画家,字伯虎,号六如居士。江苏苏州人。一生致力于绘画,善于画山水、人物、花鸟。他勤于实践,每天画一两幅画,以后再修改润色,别人说他"三分学力七分才",他却说"九分学力一分才"。他的画笔法细密,别出心裁。存世作品有《幽人燕坐图》、《嫦娥折桂图轴》、《秋山图轴》等。他与沈周、文徵明、仇英被称为明代四大画家。此外,他把画理、画法,经过自己的实践加以体会,写成《六如画谱》。

生　　词

1. 画家　　　（名）huàjiā　　　painter；artist
artiste；peintre

2. 遗产　　　（名）yíchǎn　　　legacy；heritage
héritage

3. 壁画　　　（名）bìhuà　　　mural（painting）；fresco
fresque；peinture murale

4. 宣传　　　（动）xuānchuán　　propagate
propager

5. 功臣 （名）gōngchén a person who was rendered outstanding service

ministre émérite; personne qui a rendu de grands services à l' Etat

6. 肖像 （名）xiàoxiàng portrait; portraiture

portrait

7. 道士 （名）dàoshi Taoist priest

prêtre taoïste

8. 萌芽 （名）méngyá bud; sprout

germe; bourgeon

9. 背景 （名）bèijǐng background

décor; toile de fond

10. 极度 （副）jídù extremely

extrêmement

11. 卷轴画 juǎnzhóuhuà scroll painting

peinture en rouleau

12. 盛行 （动）shèngxíng be current; prevail for（a time）

être en vogue; être répandu

13. 鞍马 （名）ānmǎ pommelled horse

cheval de selle

14. 蔚然 （副）wèirán flourishing

abondant; florissant

15. 衰微 （动）shuāiwēi decline; wane

déclin

146

16. 繁盛	（形）fánshèng	thriving; flourishing
		florissant; prospère
17. 风靡一时	fēngmǐyīshí	become fashionable for a time
		être en vogue; se mettre au goût du jour
18. 版画	（名）bǎnhuà	woodcut
		estampe
19. 复古	fùgǔ	restore ancient ways; archaize
		revenir au passé; retour aux coutumes anciennes
20. 主流	（名）zhǔliú	main current
		courant principal
21. 博学	bóxué	learned
		érudit
22. 才气	（名）cáiqì	literary talent
		talent littéraire
23. 绝	（形）jué	unmatchable
		unique; sans pareil
24. 痴	（形）chī	silly, foolish
		sot
25. 笔迹	（名）bǐjī	a person's handwriting
		écriture
26. 周密	（形）zhōumì	careful; thorough
		soigné; minutieux

147

27. 性格	（名）xìnggé	nature; character; disposition
		caractère; naturel; tempérament
28. 神(态)	（名）shén(tài)	expression
		expression
29. 搁	（动）gē	put aside; leave over
		mettre de côté; remettre à plus tard
30. 绘制	（动）huìzhì	draw
		dessiner
31. 箴诫	（动）zhēnjiè	admonish; exhort
		faire des remontrances; exhorter,
32. 事迹	（名）shìjī	deed; achievement
		exploit; action
33. 礼教	（名）lǐjiào	the Confucian or feudal ethical code
		code éthique féodal
34. 束缚	（动）shùfù	tie
		enchaîner; contraindre
35. 爱情	（名）àiqíng	love (between man and woman)
		amour (entre homme et femme)
36. 压抑	（动）yāyì	depress; constrain; inhibit
		oppresser; étouffer

148

37. 主题	（名）zhǔtí	theme; subject
		sujet; thème
38. 配合	（动）pèihé	coordinate; cooperate
		coordonner; coopérer
39. 栩栩如生	xǔxǔrúshēng	lifelike; to the life
		être palpitant de vie
40. 苍生	（名）cāngshēng	the common people
		peuple
41. 修养	（名）xiūyǎng	accomplishment; training
		culture; formation
42. 造诣	（名）zàoyì	（academic or artistic ）attainments
		virtuosité; maestria; niveau d'instruction
43. 疏体	（名）shūtǐ	sparse style
		style séparé, style clairsemé
44. 密体	（名）mìtǐ	close style
		style serré
45. 佛道	fódào	Buddhism and Taoism
		bouddisme et taoïsme
46. 立体	（名）lìtǐ	three-dimensional; stereoscopic
		solide; stéréoscopique
47. 褶	（名）zhě	pleat
		pli
48. 地狱	（名）dìyù	hell; inferno
		enfer

49. 变相		biànxiàng	in disguised form
			sous une autre forme
50. 屠户	(名)	túhù	butcher
			boucher
51. 杀牲		shāshēng	kill animals
			tuer des animaux; tuer un être vivant
52. 获罪		huòzuì	commit a crime
			commettre un crime
53. 突破	(动)	tūpò	break through
			percer
54. 格(式)	(名)	gé(shì)	form; pattern
			forme
55. 奔放	(形)	bēnfàng	bold and unrestrained
			plein de vie, de vigueur
56. 圣	(名)	shèng	sage; wise man
			sage; saint
57. 工匠	(名)	gōngjiàng	craftsman; artisan
			artisan; ouvrier qualifié
58. 祖师	(名)	zǔshī	the founder of a school of learning, a craft, etc.
			fondateur
59. 平远		píngyuǎn	flat and open
			plan et éloigné
60. 寒林	(名)	hánlín	cold forest
			forêt glaciale
61. 淡墨		dànmò	light Chinese ink
			encre diluée

150

62. 惜墨如金	xīmòrújīn	cherish ink as gold to show that one takes each stroke seriously
		épargner l' encre comme de l' or
63. 评论家	（名）pínglùnjiā	critic; reviewer
		commentateur
64. 推崇倍至	tuīchóng bèizhì	have the greatest esteem for
		témoigner d' une haute estime pour
65. 致力	（动）zhìlì	devote oneself to; work for
		se consacrer à; s' appliquer à
66. 修改	（动）xiūgǎi	revise
		réviser
67. 润色	（动）rùnsè	polish (a piece of writing, etc.)
		donner de la couleur (au style); retoucher un tableau
68. 学力	（名）xuélì	knowledge
		application; connaissance
69. 细密	（形）xìmì	fine and closely woven
		fin et minutieux
70. 别出心裁	biéchūxīncái	adopt an original approach
		tirer de soi-même quelque chose de nouveau; de façon originale

151

71. 画理	（名）huàlǐ	theory of painting or drawing
		théorie de la peinture
72. 画法	（名）huàfǎ	technique of painting or drawing
		technique de peinture

专　名

1. 魏	Wèi	the kingdom of Wei（220—265），one of the Three Kingdoms
		Royaume de Wei（220—265），un des Trois Royaumes
2. 晋	Jìn	the Jin Dynasty（265—420）
		dynastie des Jin（265—420）
3. 南北朝	Nán—Běicháo	the Northern and Southern Dynasties（420—589）
		Dynasties du Sud et du Nord（420—589）
4. 东晋	Dōng Jìn	the Eastern Jin Dynasty（317—420）
		dynastie des Jin de l' Est（317—420）
5. 宓妃	Mìfēi	name of a woman
		la favorite Mi

152

6. 禹县	Yǔxiàn	Yu county in Henan Province
		district de Yuxian (dans la province du Henan)
7. 嘉陵江	Jiālíngjiāng	Jialing River
		fleuve Jialing
8. 送子天王图	Sòngzǐtiānwángtú	name of a painting
		nom d' une peinture (*Le roi céleste donneur d' enfants*)
9. 益都	Yìdū	name of a place (in Shandong Province)
		nom de lieu (dans la province du Shandong)
10. 读碑图	Dúbēitú	name of a painting
		nom d' une peinture
11. 幽人燕坐图	Yōurényànzuò tù	name of a painting
		nom d' une peinture
12. 嫦娥折桂图轴	Cháng'ézhéguì túzhóu	name of a painting
		nom d'une peinture
13. 秋山图轴	Qiūshāntúzhóu	name of a painting
		nom d' une peinture
14. 六如画谱	Liùrúhuàpǎ	name of a painting book
		nom d' un livre de peinture

注　释

①周公:周武王同母弟,名旦,武王死后,成王诵即位,周公旦

摄王位,代行国政,政绩显著,一直被封建统治者尊为圣人。

The Duke of Zhou: the younger brother of King Wu of Zhou by the same mother. His personal name was Dan. Duke Dan Zhou became regent upon the death of King Wu, who was succeeded by King Cheng (whose personal name was song), on whose behalf he governed the country so spectacularly that he has been hailed as a sage by feudal rulers ever since.

Le duc des Zhou, dont le prénom est Dan, est le jeune frère du roi Wu des Zhou par sa mère. Après la mort de Wu, le roi Cheng, appelé Song, monta sur le trône. Le duc Dan des Zhou remplaça le roi dans l'administration gouvernementale et réalisa des succès remarquables. Ainsi les dirigeants féodaux le considérèrent comme un Sage.

②孔子:(前551—前479)春秋时思想家、教育家,一直为封建统治者尊为圣人。

Confucius (551B. C. —479B. C.): a thinker and educationist of the Spring and Autumn Period, hailed as a sage by feudal rulers ever since.

Confucius (551—479 av. J.-C.) fut un penseur et un pédagogue à l'époque des Printemps et Automnes. Il fut considéré comme un Sage par les dirigeants féodaux.

③陆探微:(? —约485)南朝宋画家。擅画肖像、人物。

Lu Tanwei(? -C. 485): a painter of the Song Dynasty in the Northern and Southern Dynasties, who excelled in portraiture and human subjects.

Lu Tanwei(? —485 environ): peintre sous les Song des Dynasties du Sud. Il excella dans le portrait et la peinture de personnages.

④张僧繇(yóu)：南朝梁画家。擅作人物故事画，尤工画龙，相传有画龙点睛、破壁飞去的故事。

Zhang Sengyou: a painter of the Liang in the Northern and Southern Dynasties, who excelled in human narrative subjects and was a particularly versatile painter of dragon, one of which, it is related, broke through a wall and flew away when he dotted its eyes.

Zhang Sengyou, peintre sous les Liang de Dynasties du Sud. Il excella dans la peinture d'histoire, de personnages et tout particulièrement des dragons. On raconte qu'il dessina une fois quatre dragons sans yeux sur le mur d'un temple; dès que les prunelles de deux dragons eurent été peintes sur la demande des assistants, ces deux dragons s'envolèrent du mur.

⑤阎立本(？—673)唐画家。擅画人物、车马、台阁。存世作品有《历代帝王图》。

Yan Liben(？—673): a painter of the Tang Dynasty, who excelled in human and architectural subjects, in vehicles and horses, and in pavilions. His 《历代帝王图》(Emperors and Kings Down the Ages) is still extant.

Yan Liben(？—673), peintre des Tang, excella dans la peinture de personnages, de voitures et de chevaux, de kiosques et pavillons. Son 《历代帝王图》(Les portraits des empereurs à travers les âges) existe encore aujourd'hui.

⑥李思训：(651—716)唐画家。擅画山水云石。《江帆楼阁图》相传是他的作品。

Li Sixun (651—716): a painter of the Tang Dynasty who excelled in landscapes. 《江帆楼阁图》(Boats on the River with Pavilion) is said to be his work.

Li Sixun（651-716），peintre des Tang，excella dans les paysages，les nuages et les rochers．La peinture intitulée "江帆楼阁图"（Bateau à voile sur le fleuve et pavillon sur la rive）est，dit-on，son œuvre．

⑦王维：(701—761)唐诗人、画家。擅画平远景。《雪谿图》、《写济南伏生像》(一作《伏生授经图》)相传是他的画迹。

Wang Wei（701-761）：a Tang poet and painter excelling in broad，open views《雪谿图》(Snowy Torrent) and《写济南伏生像》(Portrait of Fusheng of Jinan)（also called《伏生授经图》Fusheng Lecturing on the Classics）are said to be relics of his work．

Wang Wei（701—761），poète et peintre des Tang，excella dans la peinture de paysage de vastes horizons．《雪谿图》(Paysage de neige) et《写济南伏生像》(Portrait de Fu Sheng à Jinan），appelé aussi "伏生授经图"（Fu Sheng donne des cours sur les classiques）seraient ses œuvres．

⑧关仝(tóng)：五代后梁画家。擅画山水。与李成、范中立形成五代、北宋间北方山水画的三个主要流派。《山溪待渡》、《关山行旅》相传是他的作品。

Guan Tong：a painter of the Later Liang of the Five Dynasties，excelling in mountain- and waterscapes．Guan Tong，Li Cheng and Fan Zhongli founded the three main mountain- and waterscape schools in North China during the Five Dynasties and the Northern Song．《山溪待渡》(Waiting for the Ferry on a Mountain Stream) and《关山行旅》(Voyage Through a Mountain Pass) are said to be his work．

Guan Tong fut peintre des Liang postérieurs à l'époque des Cinq Dynasties．Il excella daus la peinture de payage．Il forma avec Li Cheng et Fan Zhongli les trois principales écoles sous les Cinq Dynasties et la dynastie des Song du Nord. 《山溪待渡》 (Traversée des ruisseaux) et 《关山行旅》(Voyage dans la montagne) seraient de ses œuvres.

⑨范中立：北宋画家。因性情宽和，人称范宽。擅画山水，雪景。存世作品有《溪山行旅图》、《寒林雪景》。

Fan Zhongli: a Northern Song painter, nicknamed Fan Kuan for his generosity, excelling in mountain- and waterscapes and in snowscapes. Among his extant work are 《溪山行旅图》 (Journey across Stream and Mountain and 《寒林雪景》(Cold Forest Snowscape)

Fan Zhongli fut peintre des Song du Nord. Son absence d'inquiétude lui valut le surmon de ″Fan Kuan″ (Fan sans souci). Il excella dans la peinture de paysage et de neige. Les œuvres qui nous sont parvenues sont 《溪山行旅图》(Voyage à travers mont et ruisseau) et 《寒林雪景》(Paysage de neige dans la forêt froide).

⑩ 赵孟頫(fǔ)：(1254—1322)元书画家。善画山水、人物、鞍马。存世画迹有《重江叠嶂》、《秋郊饮马》、《东洞庭》等。

Zhao Mengfu (1254—1322): a Yuan calligrapher and painter, excelling in mountain- and waterscapes, human subjects and saddle horses. Among extant relics of his work are 《重江叠嶂》(Rivers and Serried Peaks)，《秋郊饮马》(Horse Drinking in Autumn Suburb) and 《东洞庭》(Eastern Dongting Lake).

Zhao Mengfu (1254—1322), calligraphe et peintre des Yuan, excella dans la peinture de personnages et de chevaux de selle. Les œuvres qui nous restent sont "重江叠嶂"(Rivières et montagnes à l'infini), "秋郊饮马"(Chevaux paissant en banlieue à l'automne) et "东洞庭"(Lac Dongting de l'Est).

⑪沈周:(1427—1509)明画家。擅画山水,兼工花卉、鸟兽。

Shen Zhou (1427—1509): a Ming painter excelling in mountain- and waterscapes but equally accomplished with plant, bird and animal subjects.

Shen Zhou (1427—1509), peintre des Ming, excella dans la représentation des montagnes, des rivières, ainsi que des fleurs, des oiseaux et autres animaux.

⑫文徵明:(1470—1559)明书画家。擅画山水,亦善花卉、兰竹、人物。

Wen Zhengming (1470—1559): a Ming calligrapher and painter, excelling in mountain- and waterscapes but also good at plants, orchids and bamboos and human subjects.

Wen Zhengming(1470—1559), calligraphe et peintre de la dynasties des Ming, se distingue par ses peintures de paysage, de fleurs, de bambous et d'orchidées ou de personnages.

⑬仇英:(? —1552 前)明画家。擅画人物,尤长仕女。《玉洞仙原图》是他的作品。

Qiu Ying (? —1552): a Ming painter excelling in human subjects, particularly strong on beautiful women.《玉洞仙原图》(Orchard with Peach trees in Blossom) is his work.

Qiu Ying (? —1552), peintre de la dynastie des Ming, excella dans la peinture de personnages, surtout de belles dames.《玉洞仙原图》(La terre aux pêchers en fleurs) est une de ses œuvres.

⑭董其昌:(1555——1636)明书画家。擅画山水。把山水画分为"南北宗",崇"南"贬"北",此说滋蔓晚明以后的画坛。

Dong Qichang (1555—1636), calligrapher and painter ex-

celling in mountain-and waterscapes who divided this genre into
Northern and Southern schools, of which he esteemed the South-
ern and belittled the Northern. This view spread in artistic cir-
cles after the late Ming Dynasty.

Dong Qichang (1555—1636), calligraphe et peintre des
Ming, excella dans la peinture de paysage. Il considérait que ce
genre comprenait deux écoles: celle du Nord et celle du Sud. Il
appréciait l' école du Sud et sous-estimait celle du Nord. Ce point
de vue se répandit parmi les peintres jusqu'à la fin de la dynastie
des Ming.

⑮痴绝:实际是一种思想超脱的表现,并非真的痴呆。

chijue(痴绝): not actual idiocy, but rather the manifesta-
tion of originality of thought.

Chijue《痴绝》: C' est une manifestation de pensée originale
qui est détachée du monde, et non de la véritable imbécilité.

⑯刘义庆《世说新语》巧艺篇说:"四体妍,媸本无关于妙处,传
神写照正在阿堵中。""阿堵",晋代俗语,意思是"这个",在此指眼
睛。

Liu Yiqing says in the chapter on Artistic Skill in《世说新
语》(Contemporary Stories and Quotations): Escellence has
nothing to do with beauty of limb; vivid protray depends on this.
"阿堵" is Jin Dynasty colloquial for "这个"(this)and here refers
to the eye.

Le texte original dans le chapitre ″Technique de l' art″ ,
dans《世说新语》(Récits et citations contemporains), rédigé par
Liu Yiqing, est comme suit:″La beauté des membres n' a rien de
merveilleux, la description vivante dépend de l' œil″. "阿堵" en
langue vulgaire des Jin signifie "这个"(ce, cette,cela) et désigne

159

ici les yeux.

⑰张华：(232—300)西晋文学家。

Zhang Hua (232—300)：an Eastern Jin writer.

Zhang Hua (232—300) était homme de lettres des Jin de l'Ouest.

⑱曹植：(192—232)三国魏诗人。

Cao Zhi (192—232)：a poet of the Wei Dynasty during the Three Kingdoms.

Cao Zhi (192—232) était poète des Wei à l'époque des Trois Royaumes.

⑲朱景玄《唐朝名画录》称："尝闻景云寺老僧传云,吴生画此寺地狱变相时,京都署沽渔罟(gǔ)之辈,见之而惧罪改业者往往有之。

Zhu Jingxuan says in his 《唐朝名画录》(Record of Famous Tang Dynasty Painters)："I was told by an old monk at the Jingyun monastery, that when Wu painted his *Hell Disguised* there, butchers and fishermen and their like from the capital were so frightened by their sins when they saw it that they changed their professions in droves"

Dans 《唐朝名画录》(Catalogue des peintures célèbres des Tang), compilé par Zhu Jingxuan, on lit："J'ai entendu dire un vieux moine du temple Jingyun que, lorsque Wu peignit ici *Les formes de transformation dans l'enfer*, les bouchers, les pêcheurs et leurs semblables de la capitale eurent tellement peur de leurs péchés commis en voyant le tableau que beauconp d'entre eux changèrent de métier."

⑳见夏文彦《图绘宝鉴》

See Xia Wenyan's "图绘宝鉴"（Precious Mirror of

160

Painting).

Voir《图绘宝鉴》(Miroir précieux des peintures) rédigé par Xia Wenyan.

㉑《宣和画谱》：中国画著录书。无著者姓名。记录宋徽宗宫廷所藏历代画家二百三十余人的作品共六千三百余件，该书说："凡称山水者，以成为古今第一。"

《宣和画谱》(The Xuanhe Catologue of Pictures)：a well-known, but anonymous, record of Chinese painting which records a total of over six thousand three hundred works by more than two hundred and thirty painters through the ages in the palace collection of the Emperor Huizong of the Song Dynasty. It says："of all mountain- and waterscape painters, old and new, Li Cheng is the best".

《宣和画谱》(Catalogue de peintures de Xuanhe) est un inventaire de peintures chinoises dont l'auteur est inconnu. Le livre cite plus de 6 300 œuvres de 230 peintres des différentes dynasties, conservées dans la cour de l'empereur Huizong de la dynastie des Song. On y lit："De tous les peintres de paysage, Li Cheng est le meilleur."

十五、汉字的书法艺术

汉字书法是中国的传统艺术。书法和绘画同源而异流。中国最早的文字象形字就是模拟描绘自然界的各种形象，如"山"字，原来写作"⛰"，象峰峦绵延；"火"字，原来是"🔥"，象火舌上吐。这种象形字跟简单的绘画没有什么区别。后来文化发展，文字和绘画向两极分化，汉字书法同绘画便逐渐形成两种艺术。虽然如此，由于汉字书法同绘画使用相同的工具材料，因此彼此是相通的。汉字书法和绘画一样，不仅能表现自然物的静态，而且能表现自然物的动势。古人评论书法时，说王羲之的书法"飘若游云，矫若惊龙"[①]，说欧阳询的书法如"草里蛇惊，云间电发"[②]这说明书法和绘画都有"取形用势，写生揣意"[③]的精神。

汉字书法有不同的书体。常见的有篆书、隶书、正书、行书、草书。而每种书体还有不同的体式，如正书（楷书）中就有钟体[④]、王体[⑤]、欧体[⑥]、颜体[⑦]、柳体[⑧]、赵体[⑨]等。每种体式都有自己的特点，如柳体笔画俊拔，结构谨严；而欧体跟欧阳询本人一样，外表虽恬淡和平，骨子里却有一股刚劲之气。所以说书法可以表现一个人的性格。书写得工整、美观的汉字，不仅是文化交流的工具，而且是获得美

162

的享受的艺术品。

汉字书法的书体和体式多种多样，但汉字不外由点、横、竖、挑、撇、捺、钩、折八种基本笔画所组成。所以学习汉字的书法艺术，首先要写好这八种笔画。要写好这八种笔画，应该遵守一些原则，比如每写一种笔画，都有起笔、行笔和收笔三步，笔锋却是欲左先右，欲右先左，欲下先上，运笔不能单纯地直来直去。人们在习字实践中总结出"永字八法"，即"永"字具备了汉字的基本笔画，可以用它来练习书法。

学习汉字书法，除了练习基本笔画以外，还应该注意字的结构与布局。如果只有漂亮的笔画，没有好的结构与布局，也只是好材料的堆放，不能称为书法艺术。关于汉字的结构，古人总结了不少经验，主要有以下几点：

一、覆天：即上面要盖尽下面。如宇、宙、官、宫等。

二、地载：即下面要载起上面。如直、且、至、里等。

三、让左：即左高右低，右边要让左边。如助、幼、即、却等。

四、三匀：即中间要正，左右象作揖的样了。如谢、树、街等。

五、呼应：即上边的竖或者点儿要与下边的竖在一条线上。如常、亭等。

学习书法艺术，不但要掌握执笔、运笔、临摹等基本知识，而且要勤学苦练。中国许多书法家都是苦练而成的。传说欧阳询为研究一块碑文三天没回家，晚上睡在碑前；王羲之练完字后，就在宅旁的池水中涮笔，久而久之把池水也染黑了,成了有名的"墨池"。

生　词

1. 同源异流　　　　tóngyuán　　　diverge; divergent
　　　　　　　　　yìliú　　　　　divers courants venus de la
　　　　　　　　　　　　　　　　même source

2. 象形字　　（名）xiàngxíngzì　　pictographic character
　　　　　　　　　　　　　　　　pictogramme

3. 模拟　　　（动）mónǐ　　　　　imitate; simulate
　　　　　　　　　　　　　　　　imiter; simuler

4. 形象　　　（名）xíngxiàng　　　image; form; figure
　　　　　　　　　　　　　　　　image; figure; forme

5. 峰峦　　　（名）fēngluán　　　　redges and peaks
　　　　　　　　　　　　　　　　faîtes et pics

6. 绵延　　　（动）miányán　　　　be continuous; stretch long
　　　　　　　　　　　　　　　　and unbroken
　　　　　　　　　　　　　　　　s' étendre à perte de vue

7. 舌　　　　（名）shé　　　　　　tongue
　　　　　　　　　　　　　　　　langue

8. 静态　　　（名）jìngtài　　　　　static state
　　　　　　　　　　　　　　　　état immobile

9. 动势　　　（名）dòngshì　　　　dynamism
　　　　　　　　　　　　　　　　mouvement

10. 评论　　　（动）pínglùn　　　　comment on
　　　　　　　　　　　　　　　　commenter

164

11. 书体 　　（名）shūtǐ 　　style of callgraphy
　　　　　　　　　　　　　style de calligraphie

12. 篆书 　　（名）zhuànshū 　　seal character （a style of Chinese calligraphy，often used on seals ）
　　　　　　　　　　　　　écriture sigillaire （un style de la calligraphie chinoise）

13. 隶书 　　（名）lìshū 　　official script，an ancient style of calligraphy current in the Han Dynasty
　　　　　　　　　　　　　écriture de scribes，un style de calligraphie employé sous la dynastie des Han.

14. 正书 　　（名）zhèngshū 　　regular script （in Chinese calligraphy）
　　　　　　　　　　　　　écriture régulière （en calligraphie chinoise）

15. 行书 　　（名）xíngshū 　　running hand （in Chinese calligraphy）
　　　　　　　　　　　　　écriture courante （en calligraphie chinoise）

16. 草书 　　（名）cǎoshū 　　characters executed swiftly and with strokes flowing together；cursive hand （in Chinese calligraphy）
　　　　　　　　　　　　　écriture cursive，un style de calligraphie chinoise

17. 体式	（名）tǐshì	form of characters or letters
		style de caractère
18. 俊拔	（形）jùnbá	beautiful，tall and straight
		beau et énergique
19. 谨严	（形）jǐnyán	strict；rigorous
		strict；rigoureux
20. 恬淡	（形）tiándàn	indifferent to fame or gain
		indifférent à l'intérêt et à la
		gloire
21. 骨子	（名）gǔzi	frame；ribs
		cadre；côtes；ici：à
		l'intérieur
22. 刚劲	（形）gāngjìn	bold；vigorous and sturdy
		vigoureux
23. 工整	（形）gōngzhěng	carefully and neatly done
		soigné et régulier
24. 美观	（形）měiguān	pleasing to the eye；beauti-
		ful
		beau；joli à voir
25. 享受	（动）xiǎngshòu	enjoy
		réjouir
26. 遵守	（动）zūnshǒu	observe；abide by
		observer
27. 原则	（名）yuánzé	principle
		principe
28. 笔锋	（名）bǐfēng	vigour of style in writing
		pointe du pinceau；vigueur，
		fermeté des traits

166

29. 欲	（动）yù	wish；want	
		vouloir	
30. 单纯	（形）dānchún	simple；pure	
		pur et simple	
31. 具备	（动）jùbèi	possess；have；be provided	
		posséder；être muni de	
32. 布局	（名）bùjú	overall arrangement；distribution	
		plan；disposition	
33. 载	（动）zài	carry；hold；be loaded with	
		soutenir；supporter	
34. 作揖	（动）zuōyī	make a bow with hands folded in front	
		s'incliner profondément en élevant jusqu'au front les mains jointes et en les abaissant	
35. 执笔	zhíbǐ	hold the writing brush	
		tenir à la main le pinceau	
36. 运笔	yùnbǐ	wield the writing brush	
		conduire le pinceau	
37. 临摹	（动）línmó	copy（a model of calligraphy or painting）	
		copier（un modèle de calligraphie ou de peinture）	
38. 碑文	（名）bēiwén	an inscription on a tablet	
		inscription sur une stèle	

39. 宅	（名）	zhái	a house with a courtyard; house
			maison; résidence
40. 涮	（动）	shuàn	rinse
			rincer
41. 久而久之		jiǔ'érjiǔzhī	in the course of time; as time passes
			avec le temps

注　释

①《飘若游云,矫若惊龙》:王羲之的书法如游云飘荡,惊龙翻飞。

《飘若游云,矫若惊龙》: Wang Xizhi's calligraphy waves like the floating clouds and turns in flight like a startled dragon.

《飘若游云,矫若惊龙》 signifie que la calligraphie de Wang Xizhi est semblable aux nues flottantes et au dragon voltigeant.

②《草里蛇惊,云间电发》:欧阳询的书法似草中惊蛇,云间闪电。

《草里蛇惊,云间电发》: Ouyang Xun's calligraphy is like a startled snake in the grass or lightning between the clouds.

《草里蛇惊,云间电发》: La calligraphie d'Ouyang Xun est semblable au serpent effrayé dáns l'herbe et aux éclairs dans les nues.

③《取形用势,写生揣意》:书法家写字跟画家画画儿一样,要仔细观察物体的形态,用心揣摩它的精神,体现出自然物的静态和动势,形成自己的独特风格。

168

《取形用势，写生揣意》：A calligrapher writes as a painter paints, forming his individual style by minutely observing the appearance of objects and working out their vigour in his mind in order to bring out the stillness and dynamism of natural objects.

《取形用势，写生揣意》：Un peintre doit observer minutieusement la forme, le comportement des objets, étudier avec application leur vigueur, manifester l'état immobile et le dynamisme naturel des objets, ainsi se forme son style propre. Le calligraphe écrit tout comme le peintre dessine.

④钟体：三国时魏国钟繇(151—230)所写的一种书法体式。

The Zhong Style: a style of calligraphy practised by Zhong Yao (151- — 230) of the Wei Dynasty during the Three Kingdoms.

Le style Zhong: C'est le style de calligraphie de Zhong Yao (151—230) du royaume de Wei durant les Trois Royaumes.

⑤王体：东晋王羲之(321—379)所写的一种书法体式。流传作品有《十七帖》、《乐毅传》等。此外，《兰亭序》据传也是他写的。

The Wang Style: a style of calligraphy practised by Wang Xizhi (321-379) of the Eastern Jin Dynasty. Among his extant works are 《十七帖》(*Copybook Seventeen*) and 《乐毅传》(*The Story of Le Yi*);《兰亭序》(*Preface to the collection of the Orchid Pavilion*) is also traditionally ascribed to him.

Le style Wang: C'est le style de calligraphie de Wang Xizhi (321-379) de la dynastie des Jin de l'Est. Les œuvres qui sont parvenues jusqu'à nous sont 《十七帖》(Modèle des caractères Dix-sept),《乐毅传》(Histoire de Le Yi) et 《兰亭序》(Préface du recueil du Pavillon des Orchidées).

⑥欧体：唐代欧阳询(557—641)所写的一种书法体式。流传作

品有《九成宫醴泉铭》、《化度寺碑》。

The Ou Style：a style of calligraphy practised by Ouyang Xun (557-641) of the Tang Dynasty. Among his extant works are《九成宫醴泉铭》(*Inscription for the Fountain in the Jiucheng palace*) and《化度寺碑》(Stele in the Huadu Monastery)

Le style Ou ：C'est le style calligraphique pour Ouyang Xun (557-641) des Tang. Parmi ses œuvres，《九成宫醴泉铭》(Inscription pour la fontaine du palais Jiucheng) et《化度寺碑》(Stèle dans le temple Huadu) sont parvenus jusqu'à nous.

⑦颜体：唐代颜真卿(709—785)所写的一种书法体式。流传作品有《多宝塔碑》、《麻姑仙坛记》等。

The Yan Style ：a style of calligraphy practised by Yan Zhenqing (709-785) of the Tang Dynasty. Among his extant works are《多宝塔碑》(*Stele in the Pagoda of Many Jewels*) and 《麻姑仙坛记》(*Stories of the Immortals of Mt. Magu*)

Le style Yan：C'est le style de calligraphie de Yan Zhenqing (709-785) de la dynastie des Tang. Ses œuvres qui sont parvenues jusqu'à nous sont 《多宝塔碑》(Stèle de la pagode Duobao),《麻姑仙坛记》(Histoire des Immortels du mont Magu)

⑧柳体：唐代柳公权(778—865)所写的一种书法体式。流传作品有《玄秘塔》、《神策军碑》等。

The Liu Style：a style of calligraphy practised by Liu Gongquan (778-865) of the Tang Dynasty . Among his extant works are《玄秘塔》(*Stele of the Xuanmi Pagoda*) and《神策军碑》(*Stele of the Army of Shence*)

Le style Liu：C'est le style calligraphique de Liu Gongquan (778-865) de la dynastie des Tang. Ses œuvres qui sont conservées sont《玄秘塔》(Stèle de la pagode Xuanmi),《神策军

碑》(Stèle de l' Armée de Shence)

⑨赵体:元朝赵孟頫(1254—1322)所写的字体。流传作品有
《龙兴寺碑》、《道教碑》等。

The Zhao Style: the style of writing of Zhao Mengfu (1254-
1322)of the Yuan Dynasty. Among his extant works are《龙兴寺
碑》(*Stele in the Longxing Monastery*) and《道教碑》(*Stele of
Taoism*)

Le style Zhao: C'est le style de calligraphie de Zhao Mengfu
(1254-1322) de la dynastie des Yuan. Ses œuvres qui sont par-
venues jurqu' à nous sont 《龙兴寺碑》(Stèle dans le temple
Longxing) et《道教碑》(Stèle du Taoïsme).

十六、京　　剧

　　京剧是中国一种传统的民族艺术,已经有二百年的历史了。它最早吸收了徽剧[①]、秦腔[②]等地方戏曲的精华,又在剧目、唱腔、音乐、服装上进行了一些改革,结合了北京当地的语言和风俗习惯,经过艺术大师们的精心培植,逐渐成为一个极有艺术特色的剧种。

　　京剧的剧目极为丰富,据传有三千八百余出。现在的京剧剧目基本上可分三类:一类是传统剧,如《打渔杀家》[③],一类是新编历史剧,如《司马迁》[④],还有一类是现代戏,如《白毛女》[⑤]。

　　京剧是唱、念、做、打[⑥]四项并重的剧种。唱词大部分是七字句和十字句的排句[⑦],如果上句用仄韵,下句就用平韵,唱起来韵味很浓。唱腔以二黄、西皮为主,同时也吸收了昆腔、梆子等曲调。京剧的念白清楚　鲜明、爽朗,音调抑扬顿挫,富有韵味。做工就是表演技巧,京剧既继承了徽剧特有的武技,又加以舞蹈化,形成了独有的特色。武打即武工,有长靠[⑧]和短打[⑨],动作准确利落,刚健有力。

　　京剧把唱、念、做、打组成一个十分和谐的整体。例如《打渔杀家》这出戏表演着这样一段故事:萧恩和他的女儿桂英在江上打鱼,地主丁自燮派狗腿子丁郎到江边来讨鱼税，萧恩答应改天送去；后来丁自燮又命大教师到萧恩家逼讨鱼税，逼得萧恩动手打了大教师；萧恩凭着自己有理，到县衙门去告状，哪知县官吕子秋反把他打了四十大板，还逼他连夜过江去丁家赔礼。这样就把老萧恩逼得忍无可忍，决心带着女儿过江杀死丁自燮、大教师等一伙恶徒。

京剧的角色，分生、旦、净、末、丑。生，指老生、小生，都是男角色，会武艺的男角色叫武生。人们所熟知的老生有：马连良、周信芳、马长礼等，小生有叶盛兰、姜妙香、俞振飞、叶少兰等，武生有杨小楼、盖叫天、李万春、李少春等。旦，包括青衣、花旦、武旦、刀马旦、老旦等，都指妇女角色。青衣一般指十六岁到四十岁的性格文静的妇女。花旦指性格活泼的少女和少妇。武旦指短打女英雄。刀马旦指穿铠甲的女将。老旦指老年妇女。二十年代在北京出现了四大名旦梅兰芳、程砚秋、尚小云、荀慧生，他们都是男旦角。现在有名的旦角有张君秋、赵燕侠、李世济、关肃霜、杜近芳等。净，指花脸。（唱花脸要用各种颜色画脸谱。叫净，是取其反意。）有名的花脸有郝寿臣、金少山、裘盛戎、袁世海等。末，是京剧里老生行的次要角色。丑，也称三花脸，是指性格开朗，又爱逗笑的角色。有名的丑角有萧长华、马富禄等。

京剧在国内外都享有很高的声誉。在五十年代，名演员梅兰芳、程砚秋、周信芳、盖叫天、肖长华等总结了几十年的舞台艺术经验并拍了电影。

近十几年来，中国的京剧艺术团曾访问过美国、法国、意大利、英国、加拿大等欧美国家,受到各国人民的欢迎和赞誉。

目前京剧界人才辈出、剧目繁多,京剧舞台象百花盛开的花坛,开放着绚丽多彩的花朵,显示出京剧艺术的发展和繁荣。京剧是中华民族艺术的骄傲。

生　词

1. 吸收　　　（动）xīshōu　　　absorb；take in
　　　　　　　　　　　　　　　　absorber
2. 戏曲　　　（名）xìqǔ　　　　traditional opera
　　　　　　　　　　　　　　　　théâtre；opéra traditionnel
3. 精华　　　（名）jīnghuá　　　fine essence；cream
　　　　　　　　　　　　　　　　quintessence
4. 剧目　　　（名）jùmù　　　　a list of plays or operas
　　　　　　　　　　　　　　　　pièce；répertoire
5. 唱腔　　　（名）chàngqiāng　music for voices in a Chi-
　　　　　　　　　　　　　　　　nese opera
　　　　　　　　　　　　　　　　airs de l' opéra de Pékin
6. 改革　　　（动）gǎigé　　　　reform
　　　　　　　　　　　　　　　　réformer
7. 剧种　　　（名）jùzhǒng　　　type（or genre）of drama
　　　　　　　　　　　　　　　　（opera，play，etc.）
　　　　　　　　　　　　　　　　genre（ou type）de théâtre
8. 出　　　　（量）chū　　　　　used for play，etc.
　　　　　　　　　　　　　　　　spécificatif（pour une pièce
　　　　　　　　　　　　　　　　de théâtre）

9. 编	（动）biān	compile
		compiler；rédiger
10. 仄	（形）zè	oblique tones（i. e., the falling-rising tone；the falling tone and the entering tone, as distinct from the level tone in classical Chinese pronunciation）
		les tons obliques：*shang*, ton descendant-montant, *qu*, ton descendant, et *ru*, ton rentrant, dans la prononciation du chinois classique
11. 平	（形）píng	level tone, one of the four tones in classical Chinese, which has evolved into the high and level tone, and the rising tone in modern standard pronunciation
		le ton uni（le premier des quatre tons：le premier ton, yinping, ou le deuxième ton yangping dans le chinois moderne）
12. 韵味	（名）yùnwèi	lingering charm；lasting appeal
		charme；goût raffiné

13. 梆子　　　　（名）bāngzi　　a general term for local op-
eras in Shanxi, Shaanxi,
Henan, Hebei, Shandong,
etc, performed to the ac-
companiment of *bangzi*

terme général des opéras lo-
caux du Shanxi, Shaanxi,
Henan, Hebei, Shandong,
etc. La mesure de *bangzi*
est marquée par une cla-
quette

14. 曲调　　　　（名）qǔdiào　　tune（sound）rise and fall;
melody

air de chanson; mélodie

15. 爽朗　　　　（形）shuǎnglǎng　hearty; candid; frank and
open

clair; franc et ouvert

16. 抑扬顿挫　　　　yīyáng　　（of sound）rise and fall;
dùncuò　　modulate caence; modula-
tion in tone

inflexion, modulation（de
la voix）

17. 富有　　　　（动）fùyǒu　　be full of; rich in

posséder; avoir; riche en

18. 利落　　　　（形）lìluo　　agile; nimble; dexterous

leste; agile

19. 刚健　　　　（形）gāngjiàn　　energetic; vigorous

énergique; vigourux

176

20. 和谐	（形）héxié	harmonious
		harmonieux
21. 狗腿子	（名）gǒutuǐzi	hired thug; lackey; hench-man
		valet; chien couchant
22. 讨	（动）tǎo	get sth. back
		réclamer （le paiement de …）
23. 税	（名）shuì	fax
		impôt; taxe
24. 大教师	（名）dàjiàoshī	boxing coach
		entraîneur de boxe
25. 衙门	（名）yámen	yamen, government office in feudal China
		yamen, le siège du gouver-nement en Chine féodale
26. 告状	gàozhuàng	go to law against sb.
		porter plainte; intenter un procès
27. 赔礼	péilǐ	offer (make) an apology
		présenter des excuses
28. 忍无可忍	rěnwúkěrěn	be driven beyond (the lim-its of) forbearance
		être à bout de patience; poussé à bout
29. 恶徒	（名）ètú	evil person
		homme méchant; homme vicieux

177

30. 角色	（名）	juésè	role，part
			rôle
31. 武艺	（名）	wǔyì	skill in *wushu*
			habileté au wushu（boxe traditionnelle chinoise）
32. 文静	（形）	wénjìng	gentle and quiet
			raffiné et tranquille
33. 活泼	（形）	huópo	lively；vivacious
			vif；animé；plein d'entrain
34. 铠甲	（名）	kǎijiǎ	armour
			cuirasse
35. 脸谱	（名）	liánpǔ	types of facial makeup in Chinese operas
			types de maquillage dans l'opéra de Pékin
36. 开朗	（形）	kāilǎng	sanguine；optimistic；open-minded
			ouvert；optimiste
37. 逗笑儿		dòuxiàor	amusing
			amusant
38. 拍	（动）	pāi	take（a picture）
			tourner（un film）
39. 人才辈出		réncáibèichū	people of talent coming forth in large numbers
			les hommes de talent se succèdent les uns aux autres

178

40. 花坛	（名）huātán	(raised) flower bed
		parterre de fleurs
41. 繁荣	（形）fánróng	flourishing; prosperous
		florissant; prospère
42. 骄傲	（动）jiāo'ào	take pride in; be proud of
		être fier de

专　名

1. 京剧	Jīngjù	Beijing opera
		opéra de Pékin
2. 徽剧	Huījù	Anhui opera
		opéra de l'Anhui
3. 秦腔	Qínqiāng	Shaanxi opera, popular in the northwestern provinces
		air de théâtre du Shaanxi
4. 二黄	Èrhuáng	Erhuang, one of the two chief types of music in traditional Chinese operas
		Er-huang, un des deux styles de musique les plus courants de l'opéra de Pékin

5. 西皮	Xīpí	xipi, one of the two chief types of music in traditional Chinese operas
		Xi-pi, l' autre style le plus courant de l' opéra de Pékin
6. 昆腔	Kūnqiāng	melodies which originated in Kunshan（昆山）, Jiangsu Province, in the Ming Dynasty; melodies for Kunqu opera
		genre musical originaire de Kunshan, provinve du Jiangsu; genre théâtral utilisant cette musique
7. 萧恩	Xiāo Ēn	name of a person
		nom de personne
8. 桂英	Guìyīng	name of a person
		nom de personne
9. 丁自燮	Dīng Zìxiè	name of a person
		nom de personne
10. 丁郎	Dīngláng	name of a person
		nom de personne
11. 吕子秋	Lǚ Zìqiū	name of a person
		nom de personne
12. 巴黎	Bālí	Paris
		Paris

注　释

①《打渔杀家》：京剧传统剧目之一。戏中写了贫苦渔民萧恩和他的女儿桂英被欺以及最后走上反抗道路的故事。

《打渔杀家》(The Fisherfolk's Rebellion)：a piece from the traditional repertoire of Beijign Opera which tells the story of the duping of the downtrodden fisherfolk Xiao En and his daughter Guiying and of their eventual setting out on the road to rebellion.

《打渔杀家》(Révolte d'une famille de pêcheurs)：C'est une pièce faisant partie du répertoire de l'opéra de Pékin. La pièce raconte comment Xiao En, un pauvre pêcheur, et sa fille Guiying, outragés par les aristocrates, prirent enfin la voie de la révolte.

②《司马迁》：新编历史戏，记述了司马迁写《史记》的历史事实。西汉史学家、文学家、思想家、太史令司马迁因替李陵辩解，下狱受刑后发愤著书，用二十余年时间著成中国第一部纪传体通史《史记》。

Sima Qian：a newly-compiled piece on a historical theme narrating the historical facts behind the writing of Sima Qian's 《史记》(Records of the Histoian.) Sima Qian, historian, writer, thinker and grand historiographer of the Western Han Dynasty, was gaoled and punished for his defance of Li Ling and thereafter concentrated his energy on writing, completing over a period of some twenty years, the *Records of the Historian*, China's first biographically arranged comprehensive history.

《司马迁》(Sima Qian)：C'est une pièce à thème historique retranscrite, dans laquelle on relate comment Sima Qian a écrit *Les Mémoires historiques*. Sima Qian était historien, homme de lettres et penseur de la dynastie des Han de l'Ouest. Pour avoir pris la défense de Li Ling, le secrétaire de la chancellerie Sima Qian fut jeté en prison. Après avoir été puni de castration, il s'acharna dans la rédaction de sa grande œuvre. Il termina, après plus de vingt ans de travail, *Les Mémoires historiques*, première histoire universelle de Chine sous forme biographique.

③《白毛女》：现代戏。写解放前恶霸地主黄世仁欺压贫苦农民杨白劳并霸占其女儿喜儿以及解放后喜儿与未婚夫大春斗争地主的故事。

"The white-haired Girl"：a modern piece telling the story of the bullying and oppression of the downtrodden peasants Yang Bailao and his daughter Xi'er by the tyrannical landlord Huang Shiren before liberation, and of how, after liberation, Xi'er and her betrothed Dachun settled scores with the landlord.

《白毛女》(La fille aux cheveux blancs)：C'est une pièce à thème contemporain. On y relate que Huang Shiren, propriétaire foncier, tyran du village, opprima le paysan pauvre Yang Bailao et s'empara de sa jeune fille Xi'er. Après la Libération en 1949, Xi'er et Dachun, son fiancé, luttèrent contre le propriétaire foncier.

④唱、念、做、打：唱是唱腔，念是念白，做是做工，打是武打。是京剧的表演艺术，也是京剧的基本功。

唱、念、做、打：Singing, reciting, action and fighting which are the acting skills and basic techniques of Beijing Opera.

" 唱 " désigne le chant；" 念 "，les dialogues；" 做 "，les

geste；" 打 "，le combat accompagné de sauts acrobatiques. Ces quatre moyens d'expression représentent l'opéra de Pékin, et ses rudiments.

⑤排句：也叫排比句。用一连串结构相同或相似的句子成分或句子，来加强语势或表示意思的层次。

排句：also called 排比句 (paralleism)，this is a sequence of clauses or sentences of identical or similar construction used to heighten the force of the language or the arrangement of the ideas expressed.

" 排句 " se dit aussi " 排比句 " (mots et phrases parallèles). On a recours à une série d'éléments ou de phrases de la même structure ou de structure analogue pour renforcer le ton ou les niveaux de sens.

⑥长靠：靠是古代武将所穿的铠甲。

长靠："靠" is the armour worn by a general in ancient times，and 长靠 refers to the technique of combat when such armour is worn.

" 靠 "（kào）désigne la cuirasse que portaient les généraux de l'ancien temps. "长靠" désigne l'art de combat des généraux en cuirasse.

⑦短打：武戏表演作战时，演员穿短衣开打叫短打。

短打：fighting in short costumes as portrayed in the battle scenes of war plays.

" 短打 " désigne le combat des acteurs en costume court lorsqu'ils représentent le combat dans une pièce militaire.

十七、相　声

　　相声是一种人民群众喜闻乐见的说唱艺术形式，产生于北京地区，至今已有一百多年的历史了。相声的创始人是一位北京民间艺人，他原是京剧丑角，后因生活所迫，改行说唱笑话，经过长期的实践，他创造了单口相声。后来才发展成对口相声和多口相声。

　　相声是具有喜剧风格的语言艺术。它博采其他艺术说、学、逗、唱之长，但是以说为主。相声的艺术特点就是笑，无笑就不能算相声。相声艺术的笑来自它的特殊的艺术手段——包袱。"包袱"是一种比喻的说法，意思是采取种种艺术手段把可笑的东西包起来，到一定时候，突然把它打开，让那些可笑的东西一下子出现在观众面前，使观众大笑。比如，《戏剧杂谈》有这样一个"包袱"：

甲：还不错，在外国留学的时候得了一个博士学位。

乙：什么博士？

甲：戏剧博士。

乙：不简单哪！

甲：当然啦。

乙：那您得写论文哪？

甲：对呀，博士论文嘛！

184

乙:发表了吗？

甲:发表了。在外国留学的时候发表了一篇论文，四万余言，费了三个月脑筋。发表以后被那些大戏剧家们称为盖世奇文。哈哈……

乙:您这篇论文的主题是什么？

甲:是:戏剧与水利的关系。

乙:嘻！戏剧与水利有关系？

甲:有密切关系，唱戏唱时间长了必须得喝点水。

乙:那个水利呀？

甲:这是一般戏剧家没有想到的问题，被我发掘出来喽。

乙:就是饮场。（台上喝水,同行术语叫饮场）

表演这段相声的时候，桌上放个杯子，逗哏①的说到"唱戏唱时间长了必须得喝点水"，拿起杯子做喝水的样子，"包袱"自然就响了。如果直出直入先去解释这里所说的戏剧与水利是什么关系，而不用"包袱"，就失去相声的特色了。相声叙述故事、揭露矛盾、塑造人物、表现主题，都是通过"包袱"来完成的。

相声的结构分成四部分:第一部分叫"垫话"也就是开场白，第二部分叫"瓢把儿"，作用是把主题思想暗示出来，第三部分叫"正活"，引入正题，这是相声内容的主体，第四部分叫"攒底"，就是一段相声的结尾。相声尤其讲究写好那个"攒底"的大"包袱"，要求既要在情理之中，又要在意料之外。相声《买猴儿》是讽刺一个人工作马虎，本来要买"猴牌肥皂"而误让采购员到处去买猴。它的"攒底"

是这样的：

甲：……再一看我们百货公司呵！

乙：哼！

甲：成破烂摊儿啦！

乙：那五十只猴儿怎么办？

甲：卖给谁也不要，送给土山公园啦！

乙：马大哈呢？

甲：喂猴去啦！马大哈到公园工作以后，经过一番反省，是学习努力，工作积极，毛病也改啦！把猴儿喂得又肥又胖。有一天我到公园玩去，远远儿的就瞧见马大哈啦！一见我直害臊，我赶紧跑过去握了握手，我说："老马，别看你罚我走东北，到广东，跑四川，云游了半个中国，我还得谢谢你！"

乙：那为什么？

甲：我说这回幸亏是"猴儿肥皂"，要是"白熊牌香脂"，我非跑北极去不可。

乙：那你游遍全世界啦。

这个"攒底"对事件和人物都做了具体交代，喜剧性很强。马大哈的转变使人高兴，而甲的玩笑话，既是善意的讽刺，又有回味的余地，使演出在观众的哄堂大笑中结束。

186

生　词

1. 相声　　　　（名）xiàngshēng　comic dialogue；cross talk
   dialogue comique

2. 喜闻乐见　　　　xǐwénlèjiàn　love to see and hear
   ce qu' on aime à voir et à
   entendre

3. 丑角　　　　（名）chǒujué　clown；buffoon
   clown；bouffon

4. 喜剧　　　　（名）xǐjù　comedy
   comédie

5. 博采　　　　bócǎi　collect from many places
   collectionner；réunir

6. 博士　　　　（名）bóshì　Doctor（e. g. of philoso-
   phy）
   docteur

7. 论文　　　　（名）lùnwèn　thesis；treatise；paper
   thèse；essai

8. 脑筋　　　　（名）nǎojīn　brains；mind
   cerveau；idée

9. 盖世　　　　gàishì　matchless
   surpasser tout le monde；
   unique au monde

10. 奇文　　　　qíwén　a remarkable piece of writ-
    ing
    ouvrage remarquable

11. 水利	（名）shuǐlì	water conservancy; irrigation works	
		travaux hydrauliques	
12. 密切	（形）mìqiè	close; intimate	
		étroit; intime	
13. 发掘	（动）fājué	excavate; unearth	
		fouiller; déterrer; exhumer	
14. 塑造	（动）sùzhào	portray	
		faire le portrait de qn.; créer	
15. 情理	（名）qínglǐ	reason; sense	
		raison; sens commun	
16. 意料	（动）yìliào	expect	
		prévoir; conjecturer	
17. 讽刺	（动）fěngcì	satirize; mock	
		satire	
18. 采购员	（名）cǎigòuyuán	purchasing agent	
		agent chargé de faire des achats	
19. 破烂摊儿	pòlàntānr	ragged stall	
		état en désordre	
20. 番	（量）fān	a time, etc.	
		spécificatif: fois	
21. 反省	（动）fǎnxǐng	examine oneself	
		faire un examen de conscience	
22. 害臊	hàisào	bashful	
		avoir honte	

23. 云游	（动）yúnyóu	(of a Buddhist monk or a Taoist priest) roam; wanderer
		errer à l' aventure sans domicile fixe（en parlant généralement des prêtres taoïstes ou des bonzes）
24. 幸亏	（副）xìngkuī	fortunately; luckily
		grâce à; heureusement
25. 善意	shànyì	goodwill; good intentions
		bonne intention
26. 回味	（动）huíwèi	call sth. to mind and ponder over it
		se remémorer; remâcher
27. 余地	（名）yúdì	leeway; room
		place; marge
28. 哄堂大笑	hōngtángdàxiào	the whole room rocking with laughter
		toute la salle éclate de rire

专　名

1. 土山公园	Tǔshān Gōngyuán	Tushan Park
		Parc Tushan

2. 马大哈　　　Mǎdàhā　　　　a careless fellow
celui qui est insouciant ou
négligent; surnom donné
aux gens qui font quelque
chose toujours négligem-
ment

3. 猴牌肥皂　　Hóupáirféizào　　a brand of soap
savon de la marque "Singe"

4. 白熊牌香脂　Báixióngpáirxāngzhǐ a brand of face cream
crême de la marque "Ours
blanc"

5. 北极　　　　Běijí　　　　　the North pole
pôle Nord

注　释

逗哏(dòugénr):用滑稽有趣的话引人发笑(多指相声演员)。

Dougenr: to raise a laugh with comic talk -- mostly use by
Xiangsheng (comic talk) actors.

Faire rire les gens par des paroles burlesques et pleines de
sens (terme employ \E surtout pour les diseurs de dialogue
comique).

190

十八、古代诗歌和著名诗人

在中国悠久的历史时期中,产生了许多优秀的作家和作品,其中诗歌创作的成就尤为突出。中国古代诗歌有很大数量是民歌,另一部分则是文人作品,它们汇集成一条波浪滔滔的诗歌长河。

《诗经》是中国最早的一部诗集。大约是公元前十一世纪(西周初年)至公元前六世纪(春秋中叶)时的作品。共三百零五篇。分为"风"、"雅"、"颂"三大类。"风"大部分是民歌,"雅"和"颂"大都是统治阶级各阶层的作品。诗歌形式以四言为主。它广泛地反映了当时的社会面貌和人民的生活、思想,对中国两千多年来的文学发展产生了巨大影响,也是珍贵的古代史料。

战国时期,出现了中国第一个大诗人屈原。屈原(约前340—约前278)名平,战国楚国人。在战国时期,秦国最强,想消灭其他六国。屈原在任职期间,主张改革政治,联合各国,共同反对秦国。但是楚王听信谗言,排斥屈原。后来楚国政治更加腐败,国都也被秦国攻破了,屈原被流放,因感到政治理想不能实现,投江而死。屈原的作品有《离骚》、《九章》、《九歌》等。《离骚》是他的代表作。全诗三百七十三句,两千四百九十字,是中国古代最长的一首抒情诗。作者在诗中叙述了自己的家世、抱负、政治遭遇、受迫害后的心情,抒发了强烈的爱国热情。诗人以优美的语言,丰富的想象,溶化神话传说,创造了鲜明的形象,富有积极浪漫主义精神,对后世影响很大。

汉代,乐府民歌放射出异彩。汉乐府民歌跟《诗经》里的民歌一样,唱出了人民的心声,表达了人民的爱憎。《孔雀东南飞》是其中最杰出的作品。这首诗原为民间歌曲,可能经过后人加工。全诗三百五十多句,一千七百多字,是古代少见的长篇叙事诗。内容写焦仲卿、刘兰芝夫妇因受封建礼教压迫致死的悲剧,并歌颂了他们的反抗精神。

魏晋南北朝,诗人大量涌现,五言诗盛行。陶渊明是这一时期的代表作家。陶渊明(365 或 372 或 376-427)东晋大诗人。名潜。江西九江人。曾任小官,因不满当时的黑暗现实,弃官隐居。共留下一百二十多首诗。他的作品多描写自然景色和农村风光,有些诗篇还隐含着对统治者的憎恶。语言朴素自然,具有独特风格,有《陶渊明集》。

唐代是中国古代诗歌的黄金时代。据《全唐诗》记载,唐代共有两千三百多个诗人,留下了近五万首诗。其中如李白、杜甫、白居易等,都是具有世界声誉的大诗人。

李白(701-762)字太白。祖籍甘肃,生于碎叶城(在今巴尔喀什湖南面的楚河流域一带)。自幼博学有才气。二十五岁开始漫游。其间曾被任用,但政治上不被重视,又遭权贵排斥,仅一年就离开长安。安史之乱①时,因在李璘②军队中任过职,受牵连被流放。晚年生活贫苦。李白留下一千多首诗。他的诗有的描绘自然景色,有的揭露统治者的腐朽;想象丰富,语言清新,风格豪放。在屈原之后,李白是又一个伟大的浪漫主义诗人。《蜀道难》、《梦游天姥吟留别》等是人民喜爱的诗篇。有《李太白集》。

杜甫(712—700)字子美。生于河南巩县。自幼刻苦学习。二十岁开始漫游。三十四岁到长安,因受权贵排斥,不得任用,过着困苦生活。安史之乱中,诗人到处奔走,进一步了解人民疾苦。四十七岁迁居四川成都。晚年全家离开四川,病死于湘江途中。杜甫是中国文学史上最伟大的现实主义诗人,共留下一千四百多首诗。他的诗揭露了统治者的腐朽,反映了人民的疾苦,显示了唐代由盛转衰的历史过程,因而被称为"诗史"。杜诗语言精练,具有高度的概括能力。《自京赴奉先县咏怀五百字》、《春望》、"三吏"、"三别"均有名。有《杜工部集》。

白居易(772—846)字乐天。陕西渭南县人。青年时期家境贫苦。三十六岁在长安任职,因得罪权贵,多次被贬官。白居易是杜甫之后又一个现实主义诗人。一生写了三千六百多首诗。他用非常通俗的语言,广泛揭露了社会矛盾,反映了人民的疾苦。《秦中吟》、《新乐府》及长篇叙事诗《长恨歌》、《琵琶行》为人民广泛传颂。有《白氏长庆集》。

宋初,诗歌过分讲究形式,不注重内容。清除了这种不良风气后,才出现优秀作家,其中陆游最突出。

陆游(1125—1210)号放翁。浙江绍兴人。生活在一个大变动的时代,那时北宋王朝因遭受女真族®的侵略而致灭亡,南宋王朝在杭州已经建立。陆游自幼受到家中爱国思想的影响,因积极主张收复失地,几次被任用后又被罢职。晚年闲居在家,但仍不忘恢复国家统一。陆游一生创作了九千三百多首诗。他的诗内容丰富,抒发政治抱负,反映人民苦难,批判统治者的屈辱投降,表现了强烈的爱国热情。《书愤》、《示儿》是陆游诗中的名篇。有《剑南诗稿》。

元明以来,戏剧和小说蓬勃兴起,成了文学方面的主流,有影响的诗人和诗作就相对减少了。

生　词

1. 突出　　　（形）tūchū　　outstanding
   　　　　　　　　　　　　marquant；éminant

2. 民歌　　　（名）míngē　　folk song
   　　　　　　　　　　　　chant folklorique

3. 文人　　　（名）wénrén　　man of letters；scholar
   　　　　　　　　　　　　homme de lettres；homme
   　　　　　　　　　　　　cultivé；lettré

4. 汇集　　　（动）huìjí　　collect；compile
   　　　　　　　　　　　　collectionner；recueillir

5. 波浪　　　（名）bōlàng　　wave
   　　　　　　　　　　　　vague

6. 言　　　　（名）yán　　word
   　　　　　　　　　　　　mot

7. 面貌　　　（名）miànmào　　face；look
   　　　　　　　　　　　　aspect

8. 史料	（名）	shǐliào	historical materials
			matériel historique
9. 任职		rènzhí	hold a post; be in office
			assumer une fonction
10. 排斥	（动）	páichì	repel; exclude
			exclure; évincer
11. 腐败	（形）	fǔbài	corrupt; rotten
			corrompu; pourri
12. 流放	（动）	liúfàng	send into exile
			être exilé
13. 理想	（名）	lǐxiǎng	ideal
			idéal
14. 抒情诗		shūqíngshī	lyric poetry
			poème lyrique
15. 家世	（名）	jiāshì	family history
			histoire de famille
16. 抱负	（名）	bàofù	aspiration; ambition
			aspiration; ambition
17. 遭遇	（名）	zāoyù	suffering; sad lot
			souffrance; mauvais sort
18. 迫害	（动）	pòhài	persecute
			persécuter
19. 抒发	（动）	shūfā	express; give expression to
			exprimer; extérioriser (ses sentiments)
20. 溶化	（动）	rónghuà	dissolve
			dissoudre

21. 神话	（名）shénhuà	mythology; myth	
		mythologie; mythe	
22. 传说	（名）chuánshuō	legend	
		légende	
23. 浪漫主义	（名）làngmànzhǔyì	romanticism	
		romantisme	
24. 爱憎	àizēng	love and hate	
		aimer et détester	
25. 叙事诗	xùshìshī	narrative poem	
		poème narratif	
26. 礼教	（名）lǐjiào	the Confucian or faudal ethical code	
		rite; code féodal du confucianisme	
27. 悲剧	（名）bēijù	tragedy	
		tragédie	
28. 涌现	（动）yǒngxiàn	emerge in large numbers; spring up	
		apparaître; émerger en grande quantité	
29. 隐居	（动）yǐnjū	live in seclusion; withdraw from society and live in solitude	
		vivre dans la retraite; vivre en ermite	
30. 景色	（名）jǐngsè	scenery; view	
		paysage; panorama	

196

31. 风光	（名）fēngguāng	scene; view; sight
		paysage; spectacle
32. 隐含	（动）yǐnhán	faintly contain
		contenir à mots couverts
33. 朴素	（形）pǔsù	simple; plain
		simple; sobre; frugal
34. 声誉	（名）shēngyù	reputation; fame
		réputation
35. 漫游	（动）mànyóu	go on a pleasure trip
		aller à l'aventure, errer à travers le monde
36. 任用	（动）rènyòng	appoint; assign sb. to a post
		confier une charge à; employer
37. 权贵	（名）quánguì	influential officials (in the old society)
		homme influent; personnage haut placé
38. 牵累	（动）qiānlèi	implicate; involve (in trouble)
		impliquer (dans une affaire); compromettre
39. 想象	（动）xiǎngxiàng	imagin
		imaginer
40. 清新	（形）qīngxīn	pure and fresh
		pur et frais

197

41. 豪放	（形）háofàng	bold and unconstrained dégagé; libre (dans ses manières)
42. 迁居	qiānjū	change one's dwelling place changer de résidence
43. 现实主义	（名）xiànshízhǔyì	realism réalisme
44. 显示	（动）xiǎnshì	show manifester; montrer
45. 衰	（形）shuāi	decline; wane déclin
46. 精练	（形）jīngliàn	concise; succinct concis
47. 家境	（名）jiājìng	family circumstances situation familiale
48. 得罪	（动）dézuì	offend; displease offenser; vexer
49. 通俗	（形）tōngsú	popular; common populaire; commun
50. 传诵	（动）chuánsòng	be on everybody's lips circuler de bouche en bouche; être largement répandu
51. 清除	（动）qīngchú	clear a way liquider
52. 风气	（名）fēngqì	general mood; atmosphere coutume; usage; mœurs

198

53. 收复	（动）shōufù	recover; take back
		recouvrer; reprendre
54. 失地	shīdì	lost territory
		territoire perdu
55. 罢职	bàzhí	dismiss from office
		destituer; relever qn de ses
		fonctions
56. 闲居	（动）xiánjū	stay at home idle
		rester chez soi sans travail
57. 屈辱	（名）qūrǔ	humiliation; mortification
		humiliation
58. 投降	（名）tóuxiáng	surrender; capitulate
		capituler
59. 蓬勃	（形）péngbó	vigorous; flourishing
		vigoureux; florissant
60. 兴起	（动）xīngqǐ	rise; spring up
		se développer; prospérer

专 名

1. 西周	Xī Zhōu	the Western Zhou Dynasty
		(11th century -- 771 B. C.)
		la dynastie des Zhou de
		l'Ouest (1121 — 771 av.
		J. -C.)

2. 离骚	Lísāo	name of a poem nom de poème (Lisao)
3. 九章	Jiǔzhāng	name of a collection of po- ems nom d'un recueil de poèmes
4. 九歌	Jiǔgē	name of a collection of po- ems nom d'un recueil de poèmes (*Neuf Chants*)
5. 乐府	Yuèfǔ	poetic genre of folk songs and ballads in the Han style *yuefu* (chants folkloriques de l'Académie de Musique)
6. 孔雀东南飞	Kǒngquèdōngnánfēi	name of a poem nom de poème
7. 焦仲卿	Jiāo Zhòngqīng	name of a person nom de personne
8. 刘兰芝	Liú Lánzhī	name of a person nom de personne
9. 陶渊明	Táo Yuánmíng	name of a great poet nom d'un grand poète
10. 江西九江	Jiāngxī Jiǔjiāng	Jiujiang City in Jiangxi Provinve la ville de Jiujiang, dans le Jiangxi
11. 陶渊明集	Táo Yuánmíng Jí	name of a book Recueil de Tao Yuanming

200

12. 全唐诗	Quántángshī	name of a poetry anthology Poèmes Tang
13. 李白	Lǐ Bái	name of a great poet nom d'un grand poète des Tang
14. 杜甫	Dù Fǔ	name of a great poet nom d'un grand poète des Tang
15. 碎叶城	Suìyè chéng	name of a place nom de ville
16. 长安	Cháng'ān	capital of the Tang Dynasty capitale de la dynastie des Tang
17. 蜀道难	Shǔdàonán	name of a poem nom de poème
18. 梦游天姥 吟留别	Mèng yóu tiānmǔ yín liú bié	name of a poem nom de poème
19. 李太白集	Lǐ Tàibái Jí	name of a book Recueil de Li Taibai
20. 巩县	Gǒngxiàn	Gong County district de Gongxian, dans la province du Henan
21. 成都	Chéngdū	capital of Sichuan Province Chengdu, chef-lieu de la province du Sichuan
22. 湘江	Xiāngjiāng	name of a river fleuve Xiang

23. 自京赴奉 先县咏怀 五百字	Zì jīng fù fèng- xiānxiàn yǒnghuái wǔbǎizì	name of a poem nom d'un poème
24. 春望	Chūnwàng	name of a poem nom d'un poème
25. 三吏	Sānlì	name of three poems nom d'un poème
26. 三别	Sānbié	name of three poems nom d'un poème
27. 杜工部集	Dùgōngbù Jí	name of a book nom d'un livre
28. 渭南县	Wèinánxiàn	Weinan County district de Weinan, province du Shaanxi
29. 秦中吟	Qínzhōngyín	name of poems nom d'un poème
30. 新乐府	Xīnyuèfǔ	name of poems nom d'un poème
31. 长恨歌	Chánghèngē	name of a poem nom d'un poème
32. 琵琶行	Pibaxíng	name of a poem nom d'un poème
33. 白氏长庆 集	Báishì chángqìng Jí	name of a book nom d'un livre
34. 陆游	Lù Yóu	name of a poet nom d'un grand poète
35. 绍兴	Sàoxīng	Shaoxing City in Zhejiang ville de Shaoxing, province du Zhejiang

36. 书愤	Shūfèn	name of a poem
		nom d'un poème
37. 示儿	Shì'ér	name of a poem
		nom d'un poème
38. 剑南诗稿	Jiànnán shīgǎo	name of a poetry anthology
		nom d'un recueil de poèmes

注　释

①安史之乱:公元 755 年统兵镇守东北边疆的安禄山、史思明发动的叛乱。

The An-Shi Rebellion：a rebellion in 755 A.D., intigated by An Lushan and Shi Siming, whose government troops garrisoned the North-East frontier.

Troubles fomentés par An Shi (An Lushan-Shi Siming)：En 755, les commandants An Lushan et Shi Siming qui défendaient la région frontière du Nord-Est se rebellèrent.

②李璘:唐玄宗的儿子。安史之乱时,唐玄宗逃到四川,他的一个儿子李亨当了皇帝,召集军队平乱。另一个儿子李璘也在江南起兵抗敌。李亨怕李璘争夺帝位,未平定叛乱,先发兵消灭了李璘的军队。

Li Lin：a son of Tang Xuanzong. When Xuanzong fled to Sichuan during the An-Shi Rebellion, one of his sons, Li Heng, became Emperor and massed troops to supress the rebllion, whilst another, Li Lin, also raised troops to oppose the enemy in South China. Fearing that Li Lin would usurp the throne, Li

Heng sent troops to destroy Li Lin's army before quelling the revolt.

Li Lin était fils de l'empereur Xuanzong de la dynastie des Tang. Durant la révolte d'An-Shi, l'empereur Xuanzong s'enfuit dans la province du Sichuan. Li Heng, un autre fils de Xuanzong, monta sur le trône, rassembla les troupes pour apaiser les troubles. En même temps Li Lin rassembla des troupes au sud du Changjiang (Yangtsé). Craignant que Li Lin ne s'emparât du trône, Li Heng anéantit les troupes de son frère au lieu d'apaiser les troubles.

③女真族：中国古族名。原在今松花江和黑龙江中、下游一带，主要从事渔猎。1115 年建立金国，见宋朝政治、军事腐败，不时发动侵略战争，于 1127 年把宋朝皇帝掳走，北宋王朝遂亡。其后宋高宗当政，这就是南宋的第一个皇帝。为了维持小朝廷的偏安局面，他把淮河以北的广大国土和人民出卖给金国，向金国纳贡称臣。

Nüzhen (Nüchen) nationality: an ancient nationality in China, who originally engaged mainly in fishing and hunting on the middle and lower reaches of the Sungari (Songhua) and Amur (Heilongjiang) rivers. In 1115 they founded the state of Jin, and seeing the decay in the Song government and army, launched frequent aggressive wars, carrying off the Song Emperor in 1127 and thus putting an end to the Northern Song. Subsequently Song Gaozong, the first of the Southern Song emperors, came to power and in order to retain limited sovereignty for his small court, sold the vast territory north of the River Huai, plus its people, to the Jin, whose tributary he became.

La nationalité Nüzhen était une ancienne ethnie chinoise, originaire des régions du cours moyen et inférieur du Songhuajiang et du Heilongjiang, qui vivait principalement de la pêche et de la chasse. En 1115, elle fonda le Royaume de Jin qui lançait de temps en temps des attaques contre les Song du Nord, en raison de la décadence de leur politique et de leurs forces militaires. Elle fit prisonnier l'empereur Song en 1127, ainsi la dynastie des Song du Nord prit fin. Peu après, l'empereur Gaozong, premier empereur de la dynastie des Song du Sud, monta sur le trône. Pour maintenir la tranqillité humiliée de la petite cour, l'empereur Gaozong céda au Royaume de Jin un immense territoire couvrant la région du nord du Huaihe, ainsi que le peuple qui y vivait, et se considérant comme "feudataire", il s'engagea à leur remettre chaque année des objets offerts en tribut.

十九、宋词、元杂剧及其代表作家

　　唐代是中国古典文学普遍发展的时代,不仅诗歌创作登峰造极,而且还兴起了一种新的文学形式——词。

　　词是适应古代乐曲歌唱的需要产生的。最初见于民间,后来文人也开始写作。到了宋代,词高度繁荣,成为标志着一个时代特色的文学。

　　在宋代词人中,成就较高的是苏轼和辛弃疾两人。

　　苏轼(1037－1101)北宋大文学家,著名词人。号东坡居士。四川眉山人。出身于一个知识分子家庭,从小接受了丰富的封建文化的教养。苏轼一生是在激烈的政治斗争中度过的,曾几次被贬官。苏轼是一个有多方面成就的文学家,诗、词、散文都有很高的造诣,比较起来,他对词的贡献更大一些。晚唐、五代,词 的内容狭窄,多是描写风流艳情和离情别绪,那些词人被称为婉约词派。苏轼突破了这个范围。他一生写了三百多首词,这些词内容丰富,凭吊古迹,怀念亲人,描写农村风光,抒发爱国热情,有力地扩大了词的境界,创立了豪放词派,对后代很有影响。但有的词流露出消极情绪。[水调歌头]("明月几时有")、[念奴娇.赤壁怀古]都是为人们称道的词篇。诗文有《东坡七集》等。

辛弃疾(1140-1207)南宋词人。号稼轩。山东济南人。二十一岁组织抗金义军，从此离开北方，归入南宋。曾在湖北、湖南、江西一带任职，期间积极训练军队，并提出收复失地的具体建议，但是都没有被采纳，反而遭受打击。现存辛词六百多首，主要抒发希望恢复国家统一的强烈愿望，表现壮志不能实现的悲愤，也有不少描写农村自然景物的作品。辛弃疾继苏轼之后，以强烈的政治热情，多样的艺术风格，进一步扩大了词的境界，成为豪放词派的代表。但部分作品表现出政治抱负不能实现而产生的消极情绪。〔破阵子. 为陈同甫赋壮诗以寄之〕、〔菩萨蛮. 书江西造口壁〕都是辛弃疾词中的优秀作品。有《稼轩长短句》。

　　元杂剧是与唐诗、宋词并称的元代主要的文学形式。它的兴起与城市经济的繁荣有密切关系。据记载，元杂剧作家(包括金末和明初剧作家)有一百二十多人，共留下作品一百五十多种。著名作家有关汉卿和王实甫等。

　　关汉卿人约生于1229至1241，死于1297至1307。是一位专门给演员编写剧本的职业作家。一生创作了六十三个剧本，保留下来的只有十几个。《窦娥冤》是他的代表作。剧情内容是这样的：寡妇窦娥与婆婆相依为命。有一天地痞张驴儿父子闯入她们家，强迫她们婆媳分别做张驴儿父子的妻子。这个无理要求被拒绝后，张驴儿想用毒药药死蔡婆婆，没想到竟药死了自己的父亲。张驴儿去告状，窦娥怕婆婆受刑，承认"药死公公"。在临刑前，她指天发誓：死后必然血溅白练，六月下雪，大旱三年。三项奇迹果然出现了,证明她确实冤枉。剧本塑造了窦娥这个善良正直、敢于反抗黑暗势力的妇女形象,反映了元代社会的混乱面貌,是一个出色的悲剧。

王实甫,生平事迹不详。共创作十四个剧本。《西厢记》是他的代表作。作者在唐代元稹《莺莺传》和金代董解元《西厢记》诸宫调①的基础上再创作而成。剧本写张生和莺莺的爱情故事。张生是个书生,莺莺是相国小姐,他们在普救寺佛殿相遇后产生了爱情。但在封建社会,青年男女没有决定自己婚姻大事的权力,而是由家长包办。孙飞虎兵围普救寺,要抢莺莺为妻。老夫人当众许下婚约:谁退走贼兵就把女儿嫁给谁。张生想办法退走贼兵,按理说这一对青年的婚姻已经"合法化"。可是在老夫人心目中,张生并不是门当户对的女婿,于是她又把婚事推脱掉。张生和莺莺在侍女红娘的帮助下,几经曲折,终于私下里结为夫妻。《西厢记》反映了封建社会青年男女要求爱情自由和反抗封建婚姻制度的愿望,具有明显的反封建色彩。剧本成功地塑造了张生、莺莺、红娘等艺术典型,语言优美,是中国古代戏曲中优秀的大型诗剧,在戏曲文学发展史上影响深远。

生　词

1. 词　　　　　（名）cí　　　　poetry written to certain tunes with strict tonal patterns and rhyme schemes, in fixed numbers of lines and words

   ci, composition en vers inégaux; poème adapté à un air de musique

2. 杂剧　　　　（名）zájù　　　poetic drama set to music, flourishing in the Yuan Dynasty, usu. consisting of four acts called *zhe*（折）, with one character having the singing role in each *zhe*

   zaju, théâtre des Yuan composé en général de quatre actes appelés *zhe*（折）

3. 古典　　　　（名）gǔdiǎn　　classical

   classique

4. 登峰造极　　　dēngfēngzàojí　reach the peak of perfection

   parvenir au point culminant; atteindre l'apogée

5. 适应　　　　（动）shìyìng　　suit; fit

   s'adapter à, répondre à

209

6. 乐曲	（名）yuèqǔ	musical composition；composition
		air de musique；morceau de musique
7. 标志	（动）biāozhì	indicate；mark；symbolize
		marquer；symboliser
8. 教养	（名）jiàoyǎng	breeding；education
		culture；éducation
9. 激烈	（形）jīliè	intense；sharp
		intense；acharné
10. 散文	（名）sǎnwén	prose
		prose
11. 狭窄	（形）xiázhǎi	narrow
		étroit
12. 风流	（形）fēngliú	dissolute
		libertin et affranchi des conventions sociales；galanterie；aventure
13. 艳情	yànqíng	love（between man and woman）
		galanterie；aventure
14. 离情别绪	líqíngbiéxù	sentimental feeling of the persons who are seperated from each other
		sentiment qu'on éprouve en se séparant

15. 婉约	（形）wǎngyuē	graceful and restrained
		gracieux et réservé; senti-mental
16. 凭吊	（动）píngdiào	visit (a historical site, etc.) and ponder on the past
		visiter un site historique et méditer sur le passé
17. 怀念	（动）huáiniàn	cherish the memory of; think of
		penser à; garder le souvenir de
18. 扩大	（动）kuòdà	enlarge; expand; extend
		élargir; étendre
19. 境界	（名）jìngjiè	boundary; range; scope
		limite; portée
20. 流露	（动）liúlù	reveal; show unintention-ally
		montrer; manifester; révéler
21. 消极	（形）xiāojí	passive; inactive
		passif; inactif
22. 称道	（动）chēngdào	speak approvingly of; com-mend
		louer; faire l' éloge de
23. 义军	（名）yìjūn	army of volunteers
		troupes volontaires
24. 归入	（动）guīrù	classify; include
		annexer; inclure

25. 训练	（动）	xùnliàn	train; drill
			s'entraîner; former
26. 建议	（名）	jiànyì	proposal; suggestion
			proposition; suggestion
27. 打击	（动）	dǎjī	hit; strike; attack
			porter un coup; attaquer
28. 壮志	（名）	zhuàngzhì	great aspiration; lofty ideal
			ambition; noble aspiration
29. 职业	（名）	zhíyè	occupation; profession; vocation
			métier; profession
30. 剧本	（名）	jùběn	drama; play
			livret d'une pièce de théâtre; libretto; scénario
31. 寡妇	（名）	guǎfu	widow
			veuve
32. 相依为命		xiāngyī wéimìng	depend on each other for survival
			ne pouvoir vivre l'un sans l'autre; persounes qui dépendent l'une de l'autre
33. 地痞	（名）	dìpǐ	local ruffian; local riffraff
			gredin local
34. 药	（动）	yào	kill with poison
			remède
35. 刑	（名）	xíng	torture; corporal punishment
			peine; torture

212

36. 发誓	（动）fāshì	vow; pledge; swear
		jurer; prêter serment
37. 溅	（动）jiàn	splash; spatter
		éclabousser; asperger
38. 白练	（名）báiliàn	white silk fabric
		tissu de soie blanc
39. 奇迹	（名）qíjī	miracle; wonder; marvel
		miracle; merveille
40. 冤枉	（形）yuānwang	wrong; treat unjustly
		être accusé faussement; être victime d'une injustice
41. 善良	（形）shànliáng	good and honest; kindhearted
		bon; bienveillant
42. 正直	（形）zhèngzhí	honest; upright
		honnête; probe; loyal
43. 势力	（名）shìli	force; power
		force; puissance
44. 混乱	（形）hùnluàn	chaotic; disorderly
		désordonné; chaotique
45. 书生	（名）shūshēng	intellectual; scholar
		intellectuel; lettré
46. 相国	（名）xiàngguó	prime minister (in feudal China)
		premier ministre (en Chine féodale)
47. 佛殿	（名）fódiàn	Buddhist temple
		temple bouddhiste

213

48. 权力	（名）quánlì	power
		pouvoir
49. 许	（动）xǔ	promise
		promettre
50. 婚约	hūnyuē	marriage contract; engagement
		engagement de mariage
51. 门当户对	méndāng hùduì	be well-matched in social and economic status (for marriage)
		un mariage bien assorti (au point de vue de statut social et économique)
52. 女婿	（名）nǚxu	son-in-law
		gendre
53. 推脱	（动）tuītuō	evade; shirk
		saisir un prétexte pour décliner sa responsabilité; s'excuser
54. 侍女	（名）shìnǚ	maidservant; maid
		servante
55. 私下	（副）sīxià	in private; secretly
		secrètement; privément
56. 典型	（名）diǎnxíng	typical character
		typique; caractéristique
57. 深远	（形）shēnyuǎn	profound and lasting; far-reaching
		profond et loitain

214

专　名

1. 辛弃疾 　　　Xīn Qìjí 　　　　name of a poet
　　　　　　　　　　　　　　　　nom d'un poète
2. 眉山 　　　　Méishān 　　　　Meishan County
　　　　　　　　　　　　　　　　mont Meishan, dans le
　　　　　　　　　　　　　　　　Sichuan
3. 念奴娇.赤 　Niànnújiāo.chì- 　name of a *ci*
　　壁怀古 　　bì huáigǔ 　　　nom d'un *ci*
4. 东坡七集 　Dōngpō Qījí 　　name of a book
　　　　　　　　　　　　　　　　nom d'un livre
5. 济南 　　　Jǐnán 　　　　　Jinan City
　　　　　　　　　　　　　　　　ville de Jinan, province du
　　　　　　　　　　　　　　　　Shandong
6. 破阵子.为 　Pòzhènzǐ·wèi 　name of a ci
　　陈同甫赋 　Chén Tóngfǔ fù 　nom d'un *ci*
　　壮诗以寄 　zhuàngshī yǐ jì
　　之 　　　zhī
7. 菩萨恋.书 　Púsàmán·shū 　name of a ci
　　江西造口 　Jiāngxī zàokǒu 　nom d'un *ci*
　　壁 　　　bì
8. 稼轩长短句 　Jiāxuān 　　cháng 　name of a collection of ci
　　　　　　duǎn jù 　　　nom d'un recueil de *ci*

9. 金朝	Jīncháo	the Jin Dynasty(A. D. 1125-1234)
		dynastie des Jin （1125-1234）
10. 关汉卿	Guān Hànqīng	name of a great dramatist
		nom de personne （un grand dramaturge）
11. 王实甫	Wáng Shífǔ	name of a great dramatist
		nom de personne （un grand dramaturge）
12. 窦娥冤	Dòu'éyuān	name of a *zaju*
		nom d'un *zaju*
13. 窦娥	Dòu É	name of a woman
		nom de personne
14. 蔡婆婆	Càipòpo	name of a woman
		nom de personne
15. 张驴儿	Zhānglǘr	name of a man
		nom de personne
16. 西厢记	Xīxiāngjì	name of a *zaju*
		nom d'un *zaju*
17. 张生	Zhāngshēng	name of a man
		nom de personne
18. 莺莺	Yīngying	name of a woman
		nom de personne
19. 普救寺	Pǔjiùsì	name of a temple
		nom d'un temple
20. 孙飞虎	Sūn Fēihǔ	name of a person
		nom de personne

216

| 21. 红娘 | Hóngniáng | name of a woman |
| | | nom de personne |

注　释

①董解元《西厢记》诸宫调：简称《董西厢》，取材于元稹《莺莺传》，但在情节上有进一步的创造和发展。诸宫调是一种讲唱文学，它以多种宫调曲子联套组成的形式，说唱广大群众喜爱的故事。

《西厢记》(Story of the West Wing) a Zhugongdiao by Dong Jieyuan：abrreviated to《董西厢》, this work is based on Yuan Zhen's《莺莺传》(Tale of Yingying) but has greater creativity and development. The Zhugongdiao was a literary genre in song form in which stories popular with the masses were sung go a cycle of tunes in various modes.

《西厢记》(*L' histoire du Pavillon de l' Ouest*), un *zhugongdiao* de Dong Jieyuan, abrégé en《董西厢》a pour sujet l' histoire de Yingying avec développement de l' intrigue par rapport à celle-ci. *Zhugongdiao* était une ballade accompagnant des dialogues et des chants. Les acteurs chantaient des histoires appréciées par le peuple sur des airs connus et modes variés.

二十、谈谈古典诗词

    中国古典诗歌在发展过程中演变成各种不同的形式，主要有近体诗和古体诗两种。

    近体诗又叫律体诗，起于唐代，有一定的严密的格式和规律，主要包括律诗和绝句两类。

    先看两首诗：

春夜喜雨①

杜甫

好雨知时节，当春乃发生。

随风潜入夜，润物细无声。

野径云俱黑，江船火独明。

晓看红湿处，花重锦官城。

早发白帝城②

李白

朝辞白帝彩云间，千里江陵一日还。

两岸猿声啼不住，轻舟已过万重山。

    第一首是描写春天晚上下雨的诗歌，作者用形象准确的语言描绘了春雨到来时的景象以及雨后鲜艳的画面。

第二首写诗人早上从四川白帝城出发,乘船顺流东下,晚上就到了千里以外的湖北江陵,描绘了船行如飞的迅捷状态,表现了诗人不怕山高水急、旅途艰险的豪迈胸襟。

　　前一首是律诗,后一首是绝句。律诗和绝句篇幅一定,律诗每首八句,绝句每首四句。根据每句字数的多少,它们都有五言、七言之别。上面两首分别为五言律诗和七言绝句。

　　律诗和绝句要求押韵,而且要求押平声韵。所谓押韵,就是双数诗行的末一个字具有大致相同的韵母(有的第一行末一个字也押韵)。第一首里的"生"(sheng)、"声"(sheng)、"明"(ming)、"城"(cheng),韵母 eng,ing 非常相近,第二首的"间"(jian)、"山"(shan),韵母 ian,uan,an 十分近似,这几个韵脚字都是平声。律诗和绝句必须一韵到底,中间不能换韵。

　　律诗和绝句讲究平仄。古代汉语中有四个声调:平声、上声、去声、入声⑧。所谓"平"指的是平声,所谓"仄"指的是上去入三声。在律诗和绝句的写作上,让这两种声调交错与对立,就能使声调多样化,具有节奏感和音乐美。

　　律诗还要求对仗。绝句用不用对仗是自由的。律诗和绝句的每两句算一联,每联第一句叫出句,第二句叫对句。所谓对仗,指的是出句与对句意思相近或相反,拿现在的语法术语来说,就是出句与对句相应的词词性相同或相近。律诗中间两联必须对仗,如《春夜喜雨》第二联中,"随"与"润"是动词,"风"与"物"、"夜"与"声"是名词,

219

它们的词性相同。"潜"是动词,"细"是形容词,它们的词性相近。"入"与"天"分别为动词和副词,它们的词性不相近。不过,五字句中有四字对仗,也就算对仗了。第三联中"野径"与"江船"、"云"与"火"都是名词,"俱"与"独"是副词,"黑"与"明"是形容词。这一联对得好。《早发白帝城》这首绝句就不对仗。

古体诗主要指唐代以前的诗歌,唐代及其以后也有大量作品出现。古体诗有四言、五言、七言、杂言之别。下面是一首四言古体诗:

采葛④

彼采葛兮,一日不见,如三月兮。

彼采萧兮,一日不见,如三秋兮。

彼采艾兮,一日不见,如三岁兮。

（《诗经》.王风）

这首诗写一个男子对一个少女的怀念。共分三章,反复歌唱,情意逐渐加深。

古体诗没有一定格律,不讲究平仄和对仗,篇幅可长可短,既可一韵到底,又可中间换韵,与律体诗相比较,创作起来自由得多。

词是适应古代乐曲歌唱的需要产生的,起源于唐代,盛行于宋代。句式不整齐,又称长短句。

下面是苏轼的一首词:

水调歌头⑤

明月几时有？把酒问青天。

不知天上宫阙，今夕是何年。

我欲乘风归去，又恐琼楼玉宇，高处不胜寒。

起舞弄清影，何似在人间？

转朱阁，低绮户，照无眠。

不应有恨，何事长向别时圆？

人有悲欢离合，月有阴晴圆缺，此事古难全。

但愿人长久，千里共婵娟。

这首词写于 1076 年，是苏轼在山东诸城做官时写给弟弟苏辙的，是一首有名的中秋词。当时作者政治上失意，对现实不满，于是他的幻想便飞进了神话世界。作者见月圆而思念亲人，进而怨恨月亮总是趁人们离别时团圆，最后用人生不可能十全十美来宽慰自己。

《水调歌头》是词牌。词牌并不就是题目，它们只表示某词的平仄、字数、句数、韵脚等。人们把每个词牌的平仄、字数、句数、韵脚标示出来，成为词谱。按照词谱写词，叫做"填词"。

词也要求押韵。《水调歌头》这个词牌要求一韵到底，还有的词牌如《菩萨蛮》中间可以换韵。词的对仗没有严格规定，只要两句字数相等，可以对仗，也可以不对仗。只有少数词牌习惯上要求对仗，如上面一首中"人有悲欢离合，月有阴晴圆缺"两句。

生　词

1. 演变　　　　（动）yǎnbiàn　　develop; evolve

　　　　　　　　　　　　　　　développer; évoluer

2. 近体诗　　　（名）jìntǐshī　　"modern style" poetry, re-
ferring to innovations, in
classical poetry during the
Tang Dynasty, marked by
strict tonal patterns and
rhyme schemes

　　　　　　　　　　　　　　　poème en style moderne
（depuis les Tang）

3. 古体诗　　　（名）gǔtǐshī　　a form of pre-Tang poetry,
usu. having five or seven
characters to each line,
without strict tonal pat-
terns or rhyme schemes

　　　　　　　　　　　　　　　poésie de forme ancienne

4. 严密　　　　（形）yánmì　　strict

　　　　　　　　　　　　　　　strict

5. 律诗	（名）lùshī	a poem of eight lines，each containig five or seven characters，with a strict tonal pattern and rhyme schme
		poésie ″codifiée″：double ou triple quatrain en vers de 5 ou 7 pieds，suivant des règles strictes
6. 绝句	（名）juéjù	a poem of four lines，each containing five or seven characters，with a strict tonal pattern and rhymme scheme
		quatrain en vers pentamètres ou heptamètres
7. 景象	（名）jǐngxiàng	scene；sight；picture
		spectacle；scène
8. 鲜艳	（形）xiānyàn	bright-coloured； gaily-coloured
		vif；éclatant；brillant
9. 迅捷	（形）xùnjié	fast；agile；quick
		rapide；vite；agile
10. 状态	（名）zhàngtài	state；condition；state of affairs
		état；situation
11. 艰险	（形）jiānxiǎn	hardships and dangers
		ardu et dangereux

223

12. 豪迈	（形）	háomài	bold and generous; heroic
			brave et généreux; héroïque
13. 胸襟	（名）	xiōngjīn	mind; breadth of mind
			esprit; cœur
14. 篇幅	（名）	piānfu	length (of a piece of writing)
			longueur, nombre de pages d'un texte
15. 押韵		yāyùn	rhyme
			rimer
16. 大致	（副）	dàzhì	roughly; approximately; more or less
			approximativement; dans l'ensemble
17. 韵母	（名）	yùnmǔ	simple or compound vowel (of a Chinese syllable), sometimes with a terminal n or ng
			yun désigne, outre la consonne initiale (*sheng*), le reste d'une syllabe chinoise, soit composé d'une seule voyelle, soit d'une voyelle composée, soit d'une combinaison de voyelles et de consonnes.

18. 近似　　　（动）jìnsì　　　similar; look like

ressembler à; être analogue
à

19. 韵脚　　　（名）yùnjiǎo　　the rhyming word that ends
a line of verse; rhyme

rime

20. 上声　　　（名）shǎngshēng　falling-rising tone, one of
the four tones in classical
Chinese and the third tone
in modern standard Chinese
pronunciation

le ton montant ou ascen-
dant, le 2e des quatre tons
du chinois classique, le 3^e
de la prononciation du chi-
nois moderne

21. 去声　　　（名）qùshēng　　falling tone, one of the four
tones in classical Chinese
and the fourth tone in mod-
ern standard Chinese pro-
nunciation

le ton descendant, le 3e des
quatre tons du chinois clas-
sique, correspondant à peu
près au 4e ton du chinois
moderne

225

22. 入声　　（名）rùshēng

entering tone, one of the four tones in classicel Chinese pronunciation, still retained in certain dialects

le ton rentrant, 5e ton du mandarin méridional, le 4e des quatre tons du chinois ancien; n'existe pas dans la langue commune

23. 交错　　（动）jiāocuò

interlock; crisscross; overlap

s'entremêler; s'entrecroiser

24. 对仗　　（动）duìzhàng

(in poetry, etc.) a matching of both sound and sense in two lines, sentences, etc. usu. with the matching words in the same parts of speech

phrases symétriques; sentences parallèles

25. 联　　（量）lián

a measure word, used in poetry

phrases ou inscriptions parallèles, symétriques

26. 术语　　（名）shùyǔ

technical terms

terme technique

27. 词性	（名）cíxìng	syntactical functions and morphological features that help to determine a part of speech
		caractéristiques des parties du discours
28. 章	（量）zhāng	a measure word, chapter
		spécificatif；chapitre
29. 情意	（名）qíngyì	tender regards；affection； goodwill
		sentiment；affection
30. 句式	（名）jùshì	sentence pattern
		type de phrase
31. 失意	shīyì	disappointed
		déçu； désillusionné； désapointé
32. 幻想	（名）huànxiǎng	illusion；fancy
		illusion；rêve
33. 进而	（连）jìn'ér	proceed to the next step
		de plus
34. 怨恨	（动）yuànhèn	have a grudge against sb.； hate
		haïr；détester；en vouloir à
35. 趁	（动）chèn	take advantage of (opportunity, time, etc.)
		profiter de

36. 十全十美	shíquán	be perfect in every way
	shíměi	parfait；impeccable；qui ne laisse rien à désirer
37. 宽慰	（动）kuānwèi	comfort；console consoler；réconforter
38. 词牌	（名）cípái	names of the tunes to which ci poems are composed noms des airs d' après lesquels se composent des ci （poème chantant en vers inégaux）
39. 标志	（动）biāozhì	mark up marquer
40. 词谱	（名）cípǔ	a collection of tunes of ci poems air de ci
41. 规定	（名）guīdìng	stipulations；provisions stipulation；réglement

专　名

| 1. 白帝城 | Báidìchéng | name of a place in Sichuan Province nom de lieu （dans la province du Sichuan） |

228

2. 江陵　　Jiānglíng　　name of a place in Hubei Province

nom de lieu (dans la province du Hubei)

3. 诸城　　Zhūchéng　　name of a place in Shandong Province

nom de lieu (dans la province du Shandong)

4. 苏辙　　Sū Zhé　　name of a famous writer

nom de personne (écrivain célèbre)

注　释

①《春夜喜雨》：杜甫在四川成都草堂时写 的一首诗。时节,季节。乃,方始。潜,悄悄地。润物,滋润万物。野径,田间小路。花重(zhòng),花枝饱含水分貌。锦官城,指成都,古时成都以产锦著名,故称锦官城。

本诗的平仄为：

仄仄平平仄,平平仄仄平。

平平平仄仄,仄仄仄平平。

仄仄平平仄,平平仄仄平。

平平平仄仄,仄仄仄平平。

字下加"。"有表示可平可仄,字下加"·"的表示押韵。下同。

《春夜喜雨》(Enjoying Rain on a Spring Night)：This poem

229

was written when Du Fu was at his thatched cottage in Chengdu, Sichuan. 时节 "season"; 乃 "only then"; 潜 "quietly"; 润物 "to moisten everything"; 野径 "a path between fields"; 花重 " branches of blossom full of moisture"; 锦官城 "Chengdu", so called in ancient times because of its important brocade industry.

The poem scans as follows

ze ze ping ping ze, ping ping ze ze ping.

ping ping ping ze ze, ze ze ze ping ping.

ze ze ping ping ze, ping ping ze ze ping.

ping ping ping ze ze, ze ze ze ping ping.

平 -- level tone: 仄 -- oblique tone. "。" below the character indicates a syllable which may be either level or oblique, " ＊ " indicates that the syllable rhymes. The same conventions are used below.

Pluie dans la nuit printanière: C'est un poème que Du Fu a écrit dans sa chaumière de Chengdu.

时节 : saison

乃 : alors seulement

潜 : à la dérobée; doucement

润物 : humecter tous les objets.

野径 : le sentier dans les champs

花重 : les fleurs et les branches sont remplies d'eau.

锦官城 : il s'agit de la ville de Chengdu. Dans l'ancien temps, Chengdu était connu pour son brocart (锦), c'est pourquoi on la nomma "ville du brocart".

Les tons unis (ping) et les tons obliques (ze) de ce poème

230

sont comme suit：

ze ze ping ping ze，ping ping ze ze ping.

ping ping ping ze ze，ze ze ze ping ping.

ze ze ping ping ze，ping ping ze ze ping.

ping ping ping ze ze，ze ze ze ping ping.

Les caractères soulignés de "。" marquent que les tons unis (ping) et les tons obliques (ze) sont interchangeables pour ces caractères. Les caractères soulignés de "·" marquent la rime. Ces règles s'appliquent ci-dessous.

②《早发白帝城》：李白因参加李　军队而被流放夜郎，途中遇赦东还时写的。白帝城，今四川省奉节县白帝山。江陵，今湖北省江陵县。猿，猴子，四川省到湖北省的长江两岸，高山重叠，山上猴子很多。啼不住，不停地叫着。

本诗的平仄为：

平平仄仄仄平平，仄仄平平仄仄平。

仄仄平平平仄仄，平平仄仄仄平平

《早发白帝城》(Setting Out Early from Baidicheng)

was written by Li Bai on his return from exile. He had been banished to Yelang for taking a position in Li Lin's army, but was pardoned before he got there. 白帝城：now Baidishan, east of Fengjie County in Sichuan. 江陵：the modern Jiangling County in Hubei. 猿：apes, of which there are many in the mountains which cluster on either bank of the Changjiang between Sichuan and Hubei. 啼不住：to call ceaselessly.

The poem scans as follows：

231

ping ping ze ze ze ping ping, ze ze ping ping ze ze ping.

ze ze ping ping ping ze ze, ping ping ze ze ze ping ping.

Li Bai fut déporté à Yelang du fait qu'il s'était engagé dans l'armée de Li Lin. Chemin faisant, il bénéficia d'une amnistie. C'est au retour vers l'Est qu'il écrivit le poème 《早发白帝城》 (Départ matinal de la cité de Baidi). " 白帝城 ", actuellement Baidishan, à l'est du district de Fengjie, province du Sichuan. "江陵 "désigne le district de Jiangling de la province du Hubei. " 猿 "signifie " singe ". Les deux rives du Changjiang, entre le Sichuan et le Hubei, sont bordées de hautes montagnes où vivent beaucoup de singes. " 啼不住 ": crier sans cesse.

Le *ping* et le *ze* de ce poeme sont disposés comme suit：

ping ping ze ze ze ping ping, ze ze ping ping ze ze ping.

ze ze ping ping ping ze ze, ping ping ze ze ze ping ping.

③古代汉语中有平声、上声、去声、入声。现代汉语中有些方言还保存着这四个声调，但普通话中，入声字已消失，平声分阴平和阳平，成为新四声，即阴平、阳平、上声、去声。在普通话中，入声字转入了阴平、阳平、上声、去声。

Old Chinese has four tones：平声 (level), 上声 (rising), 去声 (departing) and 入声 (entering). Some dialects of modern Chinese retain these, but in Putonghua the entering tone has been lost and the level tone has split to give 阴平, (1st tone), 阳平 (2nd tone), 上声 (3rd tone) and 去声 (4th tone). In Putonghua the entering tone has been distributed between the 1st, 2nd, 3rd and 4th tones.

En chinois classique, il existaient quartre tons：*pingsheng* （ton uni）, *shangsheng* （ton montant ou ascendant）, *qusheng* （ton descendant） et *rusheng* （ton bref et rentrant）. Aujourd'hui, certains dialectes conservent encore ces quatre tons, cependant dans le langue commune, les caractères au ton rentrant sont déjà disparus et le ton uni se subdivise en deux : *yinping* et *yangping*, ainsi se forment les nouveaux quatre tons : *yinping* （ton uni, 1e ton）, *yangping* （ton montant, 2e ton）, *shangsheng* （ton descendant-montant, 3e ton） et *qusheng* （ton descendant, 4e ton）. Dans la langue commune, les caractères au ton rentrant se transformèrent dans les quatre tons actuels *yinping*, *yangping*, *shangsheng* et *qusheng*.

④《采葛》：葛，一种藤草。萧，一种蒿草。艾，艾草。《采葛》(Picking Kudzu)：葛 (Pueraria thunbergian)：the kudzu vine；萧 (Artemisia apiacea)：a species of wormwood；艾 (artemisia vulgaris, var. indica)：Chinese mugwort, another species of wormwood；彼：she.

Cueillette des lianes : ″葛″ : une sorte de liane. ″萧″ : une sorte d'armoise. ″艾″ : une sorte de moxa. ″彼″ : elle.

⑤[水调歌头]（"明月几时有"）：把酒，端起酒杯。宫阙(què)，宫殿。琼楼玉宇，美玉砌成的高楼。不胜(shèng)寒，叫人受不住的寒冷。何似，哪里象。朱阁，朱红色楼阁。绮(qǐ)户，雕花门窗。此事，指亲人团聚又正是月圆的幸福时刻。人长久，人永远平安地活着。婵(chán)娟(juān)即嫦娥，这里借指月亮。

这首词的词谱如下：

仄仄平平仄，

仄仄仄平平。

平平仄仄平仄仄仄仄平平。

仄仄平平平仄，

仄仄平平平仄，

仄仄仄平平。

仄仄平平仄，

仄仄仄平平。

平平仄

平平仄

仄平平

平平仄仄

平仄仄仄仄平平。

仄仄平平平仄，

仄仄平平平仄

仄仄仄平平。

仄仄平平仄，

仄仄仄平平。

《明月几时有》(When will there be moonlight?) to the tune "水调歌头": 把酒: to raise one's wine cup; 宫阙: palace; 琼楼玉宇: a tall building built from fine jade; 不胜 (shèng)寒: intolerable cold; 何似: nothing like; 朱阁: a multi—storeyed, scarlet pavilion; 绮户: carved doors and windows; 此事: the happy moment when families are gathered together and the moon is full;

234

人长久 a life of eternal peace;婵娟(chanjuan):Chang' e, here
symboliziing the moon.

The scansion pattern of this ci is as follows:

ze ze ping ping ze,

ze ze ze ping ping.

ping ping ze ze ping ze ze ze ze ping ping.

ze ze ping ping ping ze,

ze ze ping ping ping ze,

ze ze ze ping ping.

ze ze ping ping ze,

ze ze ze ping ping.

ping ping ze

ping ping ze

ze ping ping.

ping ping ze ze,

ping ze ze ze ze ping ping.

ze ze ping ping ping ze,

ze ze ping ping ping ze,

ze ze ze ping ping.

ze ze ping ping ze,

235

ze ze ze ping ping.

Quand y a-t-il la lune? (D'après le motif *shui diao ge tou*):

" 把酒 ": tenir le verre de vin à la main. "宫阙 ": palais. "琼楼玉宇 ": de grands bâtiments en jade. " 不胜寒 ": il fait si froid que l'on ne peut le supporter. " 何似 ": ressembler guère à. " 朱阁 ": pavillon vermillon. " 绮户 ": portes et fenêtres sculptées. " 此事 ": cette affaire; ici, c'est justement au moment de la pleine lune quand les parents se réunissent. " 人长久 ": que l'on vive longtemps. "婵娟 " désigne Chang E, ici, c'est la lune.

Le rythme de ce poème est comme suit:

ze ze ping ping ze,

ze ze ze ping ping.

ping ping ze ze ping ze ze ze ze ping ping.

ze ze ping ping ping ze,

ze ze ping ping ping ze,

ze ze ze ping ping.

ze ze ping ping ze,

ze ze ze ping ping.

ping ping ze

ping ping ze

ze ping ping.

ping ping ze ze,

ping ze ze ze ze ping ping.

ze ze ping ping ping ze,

ze ze ping ping ping ze,

ze ze ze ping ping.

ze ze ping ping ze,

ze ze ze ping ping.

二十一、 古典小说概要及四大文学名著

从远古到先秦两汉，出现了许多神话传说、寓言故事和史传文学，这为后来小说产生作了多方面的准备。魏晋南北朝是小说产生时期，描写真人真事的"志人"小说①和描写神鬼怪异的"志怪"小说②出现了。唐传奇的涌现，标志着小说的发展。与"志人"、"志怪"小说相比，唐传奇题材更广泛，现实性更强，思想上、艺术上更成熟，代表作品有元稹的《莺莺传》③、白行简的《李娃传》④等。宋元时期，在"说话"的基础上产生了话本小说。这类小说是用人民的口语写成的，通俗易懂，反映了广大下层人民的生活和思想感情。话本分两类：小说和讲史。前者散见于《清平山堂话本》⑤及《喻世明言》、《警世通言》、《醒世恒言》⑥等书中，后者今存《全相平话五种》⑦及《大宋宣和遗事》⑧、《大唐三藏取经诗话》⑨。明清是中国古典小说的鼎盛时期，四大文学名著《三国演义》、《水浒传》、《西游记》、《红楼梦》就是这一时期的杰出成就。蒲松龄⑩的文言短篇小说集《聊斋志异》、吴敬梓⑪的长篇讽刺小说《儒林外史》也是这一时期的重要收获。晚清出现了几部谴责小说，如李伯元⑫的《官场现形记》、吴趼人⑬的《二十年目睹之怪现状》等。

下面简要介绍一下四大文学名著。

238

《三国演义》，中国第一部著名的长篇历史小说。元末明初罗贯中作。根据陈寿《三国志》、范晔《后汉书》[14]、元代《三国志平话》等再创作而成。共一百二十回。小说描写了东汉末年和整个三国时代将近一个世纪的政治斗争和军事斗争，反映了当时动乱的社会，揭露了反动统治者的罪恶，成功地塑造了许多典型形象，如奸诈而有谋略的曹操、鲁莽的张飞、智谋过人的诸葛亮、忠勇的关羽等。小说善于描写战争，大大小小的战争，在作者笔下，千变万化，各有特点，"赤壁之战"集中地表现了作者描写战争的艺术才能。但书中表现了作者封建的正统思想[15]。小说的语言通顺明白，人物众多，结构宏大，情节曲折，是中国历史小说中杰出的一部。

《水浒传》，中国著名的长篇小说。元末明初施耐庵作。作者在《大宋宣和遗事》及有关故事的基础上再创作而成。全书主要描写宋江为首的梁山农民义军从兴起到投降朝廷的历史过程，暴露了封建统治阶级的残暴和腐朽，揭示了"官逼民反"的主题，塑造了李逵、武松、林冲、鲁智深等英雄形象。故事情节曲折，语言生动，人物性格鲜明，具有相当高的艺术成就。但是小说只反贪官，不反皇帝，表现了严重的思想局限。此书在流传中，出现了不同的本子，主要有一百二十回本、一百回本和七十一回本。

《西游记》，中国著名的浪漫主义长篇小说。明代吴承恩作。一百回。唐僧玄奘取经本是历史上的一个真实事件，宋代有话本《大唐三藏取经诗话》，元代有《西游记平话》，作者在此基础上创作出《西游记》这部规模宏大、结构完整的巨著。小说前七回，叙述了孙悟空出世，通过大闹天宫等故事，表现出孙悟空对封建统治者的反抗精神；以后写孙悟空保护唐僧去西天取经，沿途降妖伏魔，歌颂了他不怕强暴、战胜困难的顽强精神。作品想象丰富，情节曲折，语言生动诙谐，别具风格，成功地塑造了本领高强、有胆有识的孙悟空、憨厚而自私的猪八戒、迂腐可笑的唐僧等典型形象。

《红楼梦》，中国伟大的现实主义长篇小说。一百二十回。前八十回是清代曹雪芹作，后四十回一般认为是高鹗续写。本书写于十八世纪中叶的乾隆时代，这时封建制度已经溃烂，但封建统治势力还维持着某些繁荣景象。小说以贾、史、王、薛四大家族为背景，着重描写了贾家荣国府和宁国府由盛到衰的过程，揭露了封建贵族荒淫腐败，互相倾轧，暴露了他们残酷压迫剥削劳动人民的罪行。小说集中描写了贾宝玉和林黛玉的爱情悲剧。他们是封建贵族阶级的叛逆形象，蔑视功名，追求自由婚姻，在封建势力的摧残下，他们的爱情终成悲剧。小说歌颂了他们的叛逆精神和反抗行为。除贾宝玉和林黛玉外，小说还塑造了另外一些典型形象，如尤三姐、晴雯、王熙凤、薛宝钗等。《红楼梦》中描写了众多的人物和纷繁的生活场面，规模宏大，结构谨严，语言优美生动，具有高度的思想性和卓越的艺术成就，是中国古代长篇小说中现实主义的高峰。但书中宣扬某些虚无主义思想[16]，表现了作者的思想局限。

生　词

1. 概要　　　（名）gàiyào　　outline

   précis

2. 寓言　　　（名）yùyán　　fable

   fable

3. 史传　　　（名）shǐzhuàn　　historical biography

   biographie historique

4. 怪异　　　　guàiyì　　strange; unusual; mon-

   strous

   étrange; monstrueux

5. 话本　　　（名）huàběn　　script for story-telling（in

   Song and Yuan folk litera-

   ture）; text of a story

   manuscrits de récits（écrits

   en　langue　populaire;

   littérature folklorique sous

   les Song et les Yuan）

6. 下层　　　　xiàcéng　　lower levels

   couche inférieure

7. 讲史　　　　jiǎngshǐ　　（tell）historical tales

   contes historiques

8. 散见　　　（动）sǎnjiàn　　be found sporadically

   être répandu

9. 文言　　　（名）wényán　　classical Chinese

241

				langue classique
10.	谴责	（动）	qiǎnzé	condemn；denounce
				condamner；dénoncer
11.	回	（量）	huí	chapter
				chapitre
12.	将近	（副）	jiāngjìn	close to；nearly；almost
				presque；environ
13.	动乱	（动）	dòngluàn	turmoil；disturbance；up-heaval
				troubles；bouleversement
14.	罪恶	（名）	zuì'è	crime；evil
				crime
15.	奸诈	（形）	jiānzhà	fraudulent；crafty；treach-erous
				fourbe；perfide
16.	鲁莽	（形）	lǔmǎng	crude and rash；rash
				irréfléchi；impulsif
17.	智谋过人		zhìmóuguòrén	surpassingly resourceful
				habileté，sagacité sur-prenantes
18.	忠勇	（形）	zhōngyǒng	faithful and brave
				fidèle et brave
19.	结构	（名）	jiégòu	structure；construction
				structure；construction
20.	宏大	（形）	hóngdà	great；grand；magnificent
				grand；magnifique；géant
21.	朝廷	（名）	cháotíng	royal or imperial govern-ment

			cour impériale
22. 暴露	（动）	bàolù	expose
			révéler ; démasquer
23. 残暴	（形）	cánbào	cruel and ferocious
			cruel et atroce
24. 美化	（动）	měihuà	beautify
			embellir
25. 贪官	（名）	tānguān	corrupt officials
			fonctionnaires cupides ; fonctionnaires vénaux
26. 局限	（动）	júxiàn	limit ; confine
			limiter ; restreindre
27. 取经		qǔjīng	go on a pilgrimage for Buddhist scriptures
			aller en pèlerinage
28. 规模	（名）	guīmó	scale ; scope
			envergure
29. 天宫	（名）	tiāngōng	heavenly palace
			palais céleste
30. 西天	（名）	xītiān	western paradise
			paradis de l' Ouest
31. 降妖伏魔		xiángyāofúmó	subdue goblims and tame monsters
			dompter monstres et diables
32. 强暴	（名）	qiángbào	violent ; brutal
			violent ; brutal
33. 顽强	（形）	wánqiáng	indomitable ; staunch

243

opiniâtre ; indomptable

34. 宣扬　　　（动）xuānyáng　　publicise ; propagate ; advocate

propager ; répandre

35. 佛教　　　（名）fójiào　　Buddhism

bouddhisme

36. 威力　　　（名）wēilì　　power ; might

prestige ; pouvoir

37. 诙谐　　　（形）huīxié　　humorous ; jocular

humoristique

38. 胆　　　　（名）dǎn　　courage ; guts

courage ; audace

39. 识　　　　（名）shí　　knowledge

connaissance ; perspicacité

40. 憨厚　　　（形）hānhòu　　simple and honest ; straight-forward and good-natured

simple et honnête

41. 自私　　　（形）zìsī　　selfish

égoïste

42. 迂腐　　　（形）yūfǔ　　stubborn adherence to outworn rules and ideas ; pedantry

pédant encroûté

43. 溃烂　　　（动）kuìlàn　　fester ; ulcerate

pourrir ; ulcéreux

44. 维持　　　（动）wéichí　　keep ; maintain ; preserve

maintenir ; garder

45. 荒淫	(形) huāngyín	dissolute; licentious; deba-uched
		se livrer à la débouche
46. 倾轧	(动) qīngyà	engage in internal strife
		chercher à évincer; purifier sa propre organisation d'éléments extérieurs
47. 残酷	(形) cánkù	cruel; brutal; ruthless
		cruel; atroce; impitoyable
48. 罪行	(名) zuìxíng	crime; guilt
		crime
49. 叛逆	(名) pànnì	rebel; betrayal; treason
		rebelle; révolté
50. 蔑视	(动) mièshì	despise; show contempt for
		mépriser
51. 功名	(名) gōngmíng	scholarly honour or official rank (in feudal times)
		mérite et honneur; distinction accordée au mérite
52. 摧残	(动) cuīcán	wreck; destroy
		détruire
53. 纷繁	(形) fēnfán	numerous and complicated
		nombreux et compliqué
54. 场面	(名) chǎngmiàn	scene (in drama, fiction, etc.); spectacle
		scène; spectacle
55. 高峰	gāofēng	peak; summit; height

sommet; cime; point culmi-
nant

56. 虚无主义　　xūwúzhǔyì　　nihilism

nihilisme

专　　名

1. 白行简　　Bái Xíngjiǎn　　name of a writer

nom de personne

2. 李娃传　　Lǐwá Zhuàn　　name of a book

nom d'un livre

3. 三国演义　　Sānguóyǎnyì　　name of a book

Roman des Trois Royaumes

4. 水浒传　　Shuǐhǔzhuàn　　name of a book

Au bord de l'eau

5. 西游记　　Xīyóujì　　name of a book

Le pèlerinage vers l'Ouest

6. 红楼梦　　Hónglóumèng　　name of a book

*Le Rêve dans le pavillon
rouge*

7. 罗贯中　　Luó Guànzhōng　　name of a famous writer

nom d'un écrivain

8. 三国志平话　　Sānguózhìpínghuà　name of a book

nom d'un livre

9. 曹操　　Cáo Cāo　　name of a person

nom de personne

246

10. 张飞	Zhāng Fēi	name of a person
		nom de personne
11. 诸葛亮	Zhūgé Liàng	name of a person
		nom de personne
12. 关羽	Guān Yǔ	name of a person
		nom de personne
13. 赤壁之战	Chìbìzhīzhàn	Chibi Battle
		Bataille de Chibi
14. 施耐庵	Shī Nài'ān	name of a famous writer
		nom d'un écrivain célèbre
15. 梁山	Liángshān	name of a place
		nom de lieu
16. 李逵	Lǐ Kuí	name of a person
		nom de personne
17. 武松	Wǔ Sōng	name of a person
		nom de personne
18. 林冲	Lin Chong	name of a person
		nom de personne
19. 鲁智深	Lǔ Zhìshēn	name of a person
		nom de personne
20. 吴承恩	Wú Chéng'ēn	name of a famous writer
		nom de personne
21. 玄奘	Xuán Zàng	a person's name
		nom d'un bonze
22. 西游记平话	Xīyóujìpínghuà	name of a book
		nom d'un livre
23. 孙悟空	Sūn Wùkōng	a person's name
		nom de personnage

24. 猪八戒	Zhū Bājiè	a person's name
		nom de personnage
25. 曹雪芹	Cáo Xuěqín	name of a famous writer
		nom d'un grand écrivain
		(auteur du *Rêve dans le*
		pavillon rouge)
26. 乾隆	Qiánlóng	the title of an emperor of
		the Qing Dynasty (1736-
		1796)
		nom de règne (1736-1796)
		d'un empereur de la dynas-
		tie des Qing
27. 荣国府	Róngguófǔ	name of a mansion
		palais Rongguo
28. 宁国府	Níngguófǔ	name of a mansion
		palais Ningguo
29. 贾宝玉	Jiǎ Bǎoyù	a person's name
		nom de personnage
30. 林黛玉	Lín Dàiyù	a person's name
		nom de personnage
31. 尤三姐	Yóusānjiě	a person's name
		nom de personnage
32. 晴雯	Qíngwén	a person's name
		nom de personnage
33. 王熙凤	Wáng Xīfèng	a person's name
		nom de personnage
34. 薛宝钗	Xuē Bǎochāi	a person's name
		nom de personnage

248

注　释

①"志人"小说：代表作是刘义庆《世说新语》。

"志人"小说（fiction about people with lofty ideals）：Liu Yiqing's《世说新语》（Contmeporary Stories and Quotations）is representative of these.

"志人"小说（Récits relatant des histoires sur les hommes）："世说新语"（*Récits et citations contemporains*），rédigé par Liu Yiqing，est l'œuvre représentative parmi les Récits.

②"志怪"小说：代表作是干宝《搜神记》。

"志怪"小说（fictions about gods and spirits）：Gan Bao's《搜神记》（Stories about Searching for Gods）is representative of these.

"志怪"小说（Récits relatant des histoires sur les esprits）："搜神记"（*La recherche d'un génie*）est l'œuvre représentative parmi les Récits.

③元稹《莺莺传》：写莺莺与张生的爱情故事。

Yuan Zhen's《莺莺传》（The Tale of Yingying）：This tells the love story of Yingying and Zhang Sheng.

元稹《莺莺传》（L'histoire de Ying Ying par Yuan Zhen）：Il s'agit de l'histoire d'amour de Ying Ying et de Zhang Sheng.

④白行简《李娃传》：写荥(xíng)阳公子某生与妓女李娃的爱情故事。

Bai Xingjian's《李娃传》（The Tale of Li Wa）：This tells the love story of Mousheng，a young nobleman from Xingyang，and

249

the prostitute Li Wa.

《李娃传》(*L' histoire de Li Wa*) par Bai Xingjian：On traite l'histoire d'amour d'un fils de nobles à Xingyang et de la prostituée Li Wa.

⑤《清平山堂话本》：话本集。明代洪楩(pián)编刊。书中多宋元旧作，也有明代人作品。

《清平山堂话本》(A Collection of Story-books from the Qingpingshan Book Workshop)：a collection of story-books，compiled by Hong Pian of the Ming Dynasty and containing many old works of the Song and Yuan as well as pieces by Ming authors.

《清平山堂话本》(*Récits édités par Qingpingshan*)：Récits compilés par Hong Pian des Ming. La plupart des œuvres sont des nouvelles anciennes datant des Song et des Yuan，une partie date des Ming.

⑥《喻世明言》、《警世通言》、《醒世恒言》：话本集。世称"三言"。明代冯梦龙(1574—1646)编选。

《喻世明言》(Stories to Enlighten Men)，《警世通言》(Stories to Warn Men) and《醒世恒言》(Stories to Awaken Men)：collections of story-books，generally known as "三言" edited and chosen by Feng Menglong（1574-1646）of the Ming Dynasties.

《喻世明言》(*Paroles aux hommes instruits*)，《警世通言》(*Paroles aux hommes informés*)，《醒世恒言》(*Paroles aux hommes éveillés*)：Ce sont trois recueils des récits narratifs，compilés par Feng Menglong(1574-1646) des Ming. On les appelle aussi "三言".

⑦《全相平话五种》：元代刊行。计有《武王伐纣平话》、《七国春秋平话》(后集)、《秦并六国平话》、《前汉书平话》(续集)、《三国志

平话》。

《全相平话五种》(Five Story-books of Quanxiang)：printed and published in the Yuan Dynasty，this comprises 《武王伐纣平话》(the Story of King Wu's Punitive Expedition against Zhou)，its sequel 《七国春秋平话》(The Story of the Seven States of the Spring and Autumn Period)，《秦并六国平话》(Stories of How Qin Swallowed the Six States)，《前汉书平话》(Stories from the History of the Western Han Dynasty)(continuations of the above)，as well as《三国志平话》(Stories from the History of the Three Kingdoms).

《全相平话五种》(*Cinq recueils de récits narratifs de Quanxiang*)：Ils furent publiés sous la dynastie des Yuan. Les cinq recueils sont：《武王伐纣平话》(*Récit narratif sur l'expédition punitive du roi Wu contre Zhou*)，《七国春秋平话》(*Récit sur sept Royaumes de l'époque des Printemps-Automnes*)，《秦并六国平话》(*L'histoire des Qin annexant les six autres royaumes*)，《前汉书平话》(*Récit sur l'histoire des Han antérieurs*)(volume à suivre)，《三国志平话》(*Récit sur les Trois Royaumes*).

⑧《大宋宣和遗事》：内容叙述北宋衰亡和高宗南迁临安的经过，对北宋末年封建统治集团的荒淫腐败和当时的民族矛盾有所反映。初具《水浒》的主要情节。

《大宋宣和遗事》(Events of the Xuanhe Years of the Northern Song Dynasty)：This narrates the decline and fall of the Northern Song and the removal of the dynasty south to Lin'an under Gaozong，reflecting in some measure the vice-ridden decay of feudal government circles in the last years of the Northern Song and contemporary racial conflict. The main plot of 《水浒》(Outlaws of the Marsh) makes its first appearance in this work.

251

《大宋宣和遗事》(*Les évênements de l'époque Xuanhe de la dynastie des Song*)：Il s'agit de la décadence des Song du Nord et le transfert vers le Sud de la capitale à Lin'an sous le règne de l'empereur Gaozong. On y reflète aussi la débauche et la corruption de la classe dominante et féodaliste, et les contradictions nationales dans les dernières années des Song du Nord. Le texte contient alors les intrigues essentielles du roman "水浒"(*Au bord de l'eau*).

⑨《大唐三藏取经诗话》：叙述唐僧玄奘和猴行者西天取经、沿途克服困难、胜利而还的故事。已略具《西游记》之雏形。

(The Story of Tang Xuanzang Searching for Buddhist Scriptures)：This narrates the journey of the Tang monk Xuanzang with Monkey to the West to collect sutras, thus sketching the outlines of the later 《西游记》(Pilgrimage to the West).

《大唐三藏取经诗话》(*Récits narratifs sur le Pèlerinage de Xuanzhuang sous les Tang*)：On y traite l'histoire du moine des Tang Xuanzang et du singe Sun Xingzhe qui allèrent vers l'Ouest pour chercher des livres de sûtra, qui rentrèrent avec succès après avoir surmonté nombre de difficultés. Ce recueil a ébauché le contour de "西游记"(*Le Pèlerinage vers l'Ouest*).

⑩蒲松龄：(1640—1715)清小说家。所作《聊斋志异》通过谈狐说鬼的表现方式，对当时的社会政治多有批判。

Pu Songling(1640-1715)：a Qing novelist. His《聊斋志异》(The Strange Tales of Liaozhai) contains much criticism of contemporary society and politics expressed in the form of ghost stories.

Pu Songling(1640-1715) était romancier de la dynastie des Qing. Dans 《聊斋志异》(*Contes fantastiques du cabinet sans souci*), il critique la politique sociale de ce temps-là sous le couvert d'histoires de renard et d'esprit.

⑪吴敬梓:(1701—1754)清小说家。所作《儒林外史》,根据切身体验,从多方面揭露士大夫的丑恶面貌,对科举制度和封建礼教也进行了深刻的批判。

Wu Jingzi (1701-1754): a Qing novelist. His《儒林外史》(Scholars), based on personal experience, variously exposes the ugly aspects of the mandarinate and embarks upon a criticism of the civil service examination system and the feudal ethical code.

Wu Jingzi (1701—1754) était romancier des Qing. Grâce aux expériences qu'il a connues en se mettant en contact avec de nombreux lettrés, il a écrit《儒林外史》(*L'histoire romancée des lettrés*). Il y démasqua l'âme hideuse des lettrés et mandarins, critiqua par là, d'une manière approrondie, le système de l'exa-men impéial et les rites féodaux.

⑫李伯元:(1867—1907)清末小说家。所作《官场现形记》对清廷官吏的昏庸腐败和贪污勒索有所暴露。

Li Boyuan (1867—1907): a late Qing novelist, His《官场现形记》(The Official World Exposed) contains exposes of the fatuity and degeneracy of Qing officials as well as corruption and blackmail among them.

Li Boyuan (1867—1907) était romancier vers la fin des Qing. Son œuvre《官场现形记》(*Les Révélations du monde officiel*) démasqua en quelque sorte la corruption et les tares de la cour impériale des Qing ainsi que ses vénalités et son extorsion.

⑬吴跰(jiǎn)人:(1866—1910)清末小说家。所作《二十年目睹之怪现状》对当时政治、社会上的黑暗腐败现象有所暴露。

Wu Jianren (1866—1910): a late Qing novelist. His《二十

年目睹之怪现状》（The Strange Events of the Last Twenty
Years）contains exposés of the dark degeneracy prevalent in con-
temporary politics and society.

Wu Jianren（1866-1910）était romancier vers la fin des Qing.
Son œuvre《二十年目睹之怪现状》（*Vingt années d' aberrations*）
démasqua la politique corrompue et les tares obscures de
l'époque.

⑭《三国志》、《后汉书》：均为历史著作。《三国志》共六十五卷，
记载了自公元220年到280年六十年间魏、蜀、吴三国鼎立时期的
历史。《后汉书》共一百二十卷，记载了东汉近二百年（公元25—
220年）的历史。

《三国志》（History of the Three Lingdoms）and《后汉书》
（History of the Later Han Dynasty）are both historical works.
The former，in sixty-five volumes，recoeds the history of the
sixty years of the tripartition of power between the Wei，Shu,
and Wu Dynasties from 220 to 280 A. D. The latter，in one hun-
dred and twenty volumes，records the almost two century long
history of the Eastern Han（25-220 A. D.）.

《三国志》（*Annales des Trois Royaumes*）et《后汉书》
（*L'histoire des Han postérieurs*）sont des œuvres historiques. Les
Annales des Trois Royaumes en 65 volumes tracent l'histoire de
l'époque des trois Etats antogonistes de Wei，Shu et Wu pendant
60 ans，de 220 à 280. *L'histoire des Han postérieurs* en 120 vo-
lumes raconte l'histoire de la dynastie des Han de l'Est pendant
presque deux cents ans（25—220）.

⑮封建正统思想：汉朝的皇帝姓刘，《三国演义》也尊崇刘备，
这是作者封建正统思想的表现。

Feudal orthodoxy：The auther of《三国演义》（Romance of

the Three Kingdoms) shows his feudal orthodoxy by extolling Liu Bei , Liu being the surname of the Han emperoes.

Le nom de famille de l'empereur des Han était Liu , c'est pourquoi dans 《三国演义》(*Roman des Trois Royaumes*) on respectait Liu Bei, c'est l'expression de la pensée féodale orthodoxe de l'auteur.

⑯虚无主义思想:《红楼梦》中常通过作者的自白流露出"到头一梦","万境皆空"的思想,主人公贾宝玉、林黛玉身上也常常有"人生如梦""世事无常"的情绪。小说还对所描写的种种社会现象给予一种哲学的解释,这就是所谓"色、空、梦、幻"。凡此种种,就使《红楼梦》弥漫着一层虚无主义色彩。

nihilism:《红楼梦》(A Dream of Red Mansions),the author's vindications frequently betray the notions of " the perpetual dream" and " all-pervasive futility", and the sentiments that" life is as a dream" and" the world is fickle" are often given to the main characters Jia Baoyu and Lin Daiyu. The philosophical explanation offerred in the novel of all the social phenomena described is called " appearance,emptiness, dream and illusion." All this suffuses A Dream of Red Mansions with an aura of nihilism.

Le nihilisme: Dans 《红楼梦》(*Le Rêve dans le Pavillon rouge*),l'auteur nous laisse voir sa pensée:"tout est un rêve à la fin", "tout est vide". Ses personnages Jia Baoyu et Lin Daiyu avaient eux-mêmes le sentiment que" la vie est comme un rêve", "les affaires du monde sont impermanentes". Le roman donne en quelque sorte aux phénomènes sociaux une explication philosophique: volupté, vidage, rêve, illusion. Tout cela donne au roman une couleur de nihilisme.

二十二、黄　河

　　黄河是中国第二条大河。它发源于青海省巴颜喀拉山北麓,流经青海、四川、甘肃等九个省区,在山东注入渤海,行程五千四百多公里,它象一条金黄色的巨龙横卧在中国北部辽阔的大地上。

　　黄河是中华民族的摇篮。远古时代,中华民族的祖先就在黄河流域生息。陕西省蓝田县早在八十万年以前就有了原始人的足迹。西安城东的半坡村遗址①说明,这里在五千多年以前就有了母系社会的村落。据史书记载,黄河流经的中原地区是古代华(夏)族即黄帝②的后代定居的地方,古人称这里为"中华"。大约在三千多年以前,位于黄河流域的商王朝已经成为和埃及③、巴伦比④并立的三大古国之一。

　　从商朝到北宋,黄河流域一直是中国政治、经济和文化的中心。勤劳勇敢的中国人民,在这儿创造了绚丽的历史和灿烂的文化。

　　西安是中国六大古都⑤之一。附近有很多名胜古迹。城东北的骊山山麓有唐代华清宫遗址。秦始皇⑥的陵墓也座落在骊山附近。

　　洛阳是九朝古都⑦。古代许多杰出的科学家、史学家云集于此,留下了不朽的作品。科学家张衡⑧在这里发明了"浑天仪"、"候风地动仪",史学家陈寿的《三国志》也是在这里完成的。

洛阳的龙门石窟,甘肃的敦煌石窟,大同的云冈石窟,并称为中国的三大石窟⑨。龙门石窟从北魏至唐连续开掘四百多年,现存石窟一千三百多个。敦煌石窟自前秦直到元朝一千多年间陆续建造,至今保留各代石窟四百九十二个。云冈石窟开掘于北魏,现存石窟五十三个。这三大石窟留下了无数珍贵的石雕像、壁画等艺术品,它们象中国中世纪的艺术史和文化史一样展现在我们面前。

历史上黄河流域是人民革命战争的舞台。汉朝的赤眉⑩、黄巾⑪,隋末的瓦岗军⑫,唐末的黄巢⑬,都曾在黄河下游的河北、河南、山东等地举起过反封建的旗帜。明末的李自成⑭,也曾在这里演出过一幕幕威武雄壮的史剧。中国共产党领导下的八路军、解放军,在黄河两岸浴血奋战,为中国人民的解放事业作出了贡献。

黄河是中国文化的发祥地,也是伟大的中华民族的象征。古往今来,有多少文学家、艺术家留下了赞颂黄河的作品。唐代大诗人李白称"黄河之水天上来,奔流到海不复回"⑮,唐代另一位著名诗人刘禹锡说"九曲黄河万里沙,浪淘风簸自天涯"⑯,这些诗句描绘出黄河一泻千里、奔腾咆哮的雄姿。近代著名音乐家冼星海⑰谱写了不朽乐章《黄河大合唱》,它象战鼓,象号角,唤起中华儿女保卫祖国的战斗热情。如果有人专门收集描绘黄河的作品,足可称为"黄河文学"、"黄河艺术",而为中国文化宝库中的一个门类。

伟大的黄河哺育了成千上万的人民,但在过去漫长的岁月里也给人民带来深重的灾难。黄河也因此而得名。黄河在解放前的两千多年中,平均三年就闹两次水灾,五年就有两次大旱灾。因此,人们称黄河为"中国之忧患"。

解放后,黄河也跟整个中国一样发生了根本的变化。黄河下游培修加固了两千多公里长的大堤,黄河沿岸修建了一批中型水利、水电工程。"黄河百害,唯富一套"⑱的历史已经一去不复返了。

生　词

1. 发源　　　（动）fāyuán　　　originate
prendre sa source ; tirer son origine de

2. 山麓　　　（名）shānlù　　　the foot of a hill or mountain
pied de la montagne

3. 注入　　　（动）zhùrù　　　pour into
se jeter dans

4. 横卧　　　（动）héngwò　　　lie across
s'étendre en travers

5. 摇篮　　　（名）yáolán　　　cradle
berceau

6. 流域　　　（名）liúyù　　　valley; river basin
bassin d'un fleuve

7. 生息　　　（动）shēnxī　　　live; grow

			vivre; grandir
8. 足迹	（名）zújì	footmark; footprint
		traces de pas ; piste
9. 王朝	（名）wángcháo	dynasty
		dynastie
10. 遗址	（动）yízhǐ	ruins; relic
		ruines
11. 座落	（动）zuòluò	place; locate
		se trouver; se situer
12. 云集	（动）yúnjí	come together in crowds
		se rassembler de toutes parts
13. 不朽	bùxiǔ	immortal
		immortel
14. 石窟	（名）shíkū	rock cave; grotto
		grotte
15. 开掘	（动）kāijué	dig
		creuser
16. 塑像	（名）sùxiàng	statue
		statue
17. 展现	（动）zhǎnxiàn	unfold brfore one's eyes; émerge
		se montrer; êmerger
18. 舞台	（名）wǔtái	stage
		scène
19. 幕	（量）mù	a measure word used for plays, etc.
		spécificatif: acte

259

20. 威武	（形）wēiwǔ	mighty；powerful
		martial；d'une majesté re-
		doutable
21. 浴血奋战	yùxuèfènzhàn	fight a bloody battle
		livrer un combat meurtrier
22. 发祥地	fāxiángdì	place of origin；birthplace
		le pays où la bonne fortune
		a pris naissance；berceau
23. 古往今来	gǔwǎngjīnlái	through the ages
		à travers les âges de l'an-
		tiquité jusqu' à nos jours；à
		travers les âges
24. 泻	（动）xiè	flow swiftly；rush down
		s'écouler
25. 奔腾	（动）bēnténg	gallop；surge forward
		galoper
26. 咆哮	（动）páoxiào	roar
		rugir
27. 雄姿	xióngzī	majestic appearance；heroic
		posture
		air martial；fière allure
28. 乐章	（名）yuèzhāng	movement
		mouvement（partie d'une
		composition musicale）
29. 战鼓	（名）zhàngǔ	war drum；battle drum
		tambour de combat
30. 号角	（名）hàojiǎo	bugle call；bugle
		cor；clairon；trompe

31. 唤起	(动) huànqǐ	arouse
		appeler
32. 收集	(动) shōují	collect; gather
		collectionner; recueillir
33. 门类	(名) ménlèi	kind; category
		catégorie; sorte
34. 哺育	(动) bǔyù	feed
		nourrir; élever
35. 岁月	(名) suìyuè	years
		temps; année
36. 深重	(形) shēnzhòng	very grave; extremely serious
		grave; profond
37. 灾难	(名) zāinàn	suffering; disaster
		catastrophe; fléau; calamité
38. 高原	(名) gāoyuán	plateau; highland
		plateau
39. 流失	(动) liúshī	run off; be washed away
		être emporté par le courant
40. 忧患	(名) yōuhuàn	suffering; misery; hardship
		souffrance; misère
41. 培修	(动) péixiū	repair(earthwork)
		réparer en tassant de la terre
42. 加固	(动) jiāgù	reinforce
		ranforcer; consolider
43. 堤	(名) dī	dykes and dams

			digue
44. 水利	（名）	shuǐlì	water conservancy
			travaux hydrauliques
45. 水电	（名）	shuǐdiàn	hydroelectric (station)
			hydro-électrique(centrale)
46. 工程	（名）	gōngchéng	project
			travaux；ouvrage

专　　名

1. 巴颜喀拉山	Bāyánkālāshān	name of a mountain
		mont Bayan Har
2. 渤海	Bóhǎi	the Bohai Sea
		la mer Bohai
3. 西安	Xī'ān	Xi'an City
		ville de Xi'an，province du Shaanxi
4. 中原	Zhōngyuán	Central Plains（comprising the middle and lower reaches of the Huanghe River）
		Plaine centrale（le bassin des cours moyen et inférieur du Huanghe）
5. 巴比伦	Bābǐlún	Babylon
		Babylone
6. 骊山	Líshān	name of a hill

mont Lishan

7. 浑天仪　　Húntiānyí　　armillary sphere; celestial globe

sphère armillaire

8. 候风地动仪　Hòufēngdìdòngyí　the name of an instrument which is used in observation of earthquakes

nom d'un sismographe

9. 洛阳　　Luòyáng　　Luoyang City

ville de Luoyang (province du Henan)

10. 龙门石窟　Lóngménshíkū　the Longmen Grottoes (in Luoyang)

grottes de Longmen à Luoyang

11. 敦煌石窟　Dūnhuángshíkū　the Dunhuang Caves, Gansu Province

grottes de Dunhuang (dans la province du Gansu)

12. 大同　　Dàtóng　　Datong City

ville de Datong, province du Shanxi

13. 云冈石窟　Yúngāngshíkū　the Yungang Grottoes (in Datong)

grottes de Yungang à Datong

14. 前秦　　Qián Qín　　Qianqin Dynasty (A. D. 352-394)

		dynastie des Qin antérieurs (352—394)
15. 北魏	Běi Wèi	Northern Wei Dynasty（A. D. 386—534）
		dynastie des Wei du Nord (386—534)

注　释

①半坡村遗址：中国新石器时代仰韶文化的重要遗址之一。1954 年开始发掘，遗址总面积有四万多平方公里（已发掘一百多平方公里），共有完整的房屋遗迹四十多处，墓葬二百多座，生产工具和用具近一万件。

The Banpo site：an important site of the Chinese neolithic Yangshao culture. Digging began in 1954 in a site the total area of which is over forty thousand square kilometres (of which over one hundred have been dug), yielding over forty complete dwellings, over two hundred burials and nearly ten thousand production tools and utensils.

Le site du village de Banpo：C'est la ruine la plus importante représentant la culture de Yangshao pendant l'âge néolithique. Les fouilles commencèrent en 1954. La superficie totale couvre 40000 km^2 (100 km^2 ont été fouillés). On y trouve plus de 40 ruines de maisons en bon état, plus de 200 tombes, ainsi qu'environ 10000 outils de travail et objets d'usage courant.

②黄帝：即轩辕氏。传说中国原始社会部落联盟首领。曾打

败炎帝和蚩尤,统一中原。

The Yellow Emperor(黄帝): ie. lord Xuanyuan, the leader, so the story goes, of a confederation of tribes in primitive Chinese society, who defeated Yandi and Chiyou and united the Central Plains.

L' Empereur Jaune (黄帝) s' appelait aussi Xuan Yuan. D'après la légende, il était chef de tribu dans la société primitive. Il unifia la Plaine centrale du pays (les cours moyen et inférieur du Huanghe) après avoir conquis Yandi et Chiyou.

③埃及:这里指公元前 3000 年在尼罗河下游建立的中央集权的奴隶制国家——古埃及。

Egypt: here referring to ancient Egypt, a centralized, slave-owning state established on the lower Nile in 3,000 B.C.

Egypte: Ici on désigne l' Egypte antique qui était un pays esclavagiste, au pouvoir centralisé, établi il y a 3000 ans avant notre ère sur le cours inférieur du Nil.

④巴比伦:古代西亚两河流域(幼发拉底河和底格里斯河)的奴隶制王国。大约在公元前 1849—前 1595 年建国,史称古巴比伦王国。

Babylon: an ancient West-Asian slave-owning kingdom in Mesopotamia (the Tigris-Euphrates area), established some time between 1894 and 1595 B.C. and referred to historically as Ancient Babylonia.

Babylone: C' était un royaume esclavagiste aux bassins des deux fleuves d' Asie de l' Ouest (l' Euphrate et le Tigre) dans l'antiquité. Le royaune fut fondé environ en 1894—1595 av. J.-C. On le nomme le royaume ancien de Babylone dans l' histoire.

⑤六大古都：西安、洛阳、开封、南京、杭州、北京。

The Six Great Ancient Capitals：Xi'an, Luoyang, Kaifeng, Nanjing, Hangzhou and Beijing.

Les six anciennes capitales sont：Xi'an, Luoyang, Kaifeng, Nanjing, Hangzhou, Beijing.

⑥秦始皇：(前 259—前 210)，即嬴政，于公元前 221 年统一六国，建立了中国第一个专制主义的中央集权的封建国家——秦王朝。

Qin Shihuang (259—210 B. C.)：Yingzheng, who in 221 B. C. united the six states and established China's first autocratic, centralized, feudal state, the Qin Dynasty.

L'empereur Shihuangdi des Qin ：Appelé Yingzheng,（259—210 av. J. -C.), il annexa les six autres royaumes en l'an 221 avant notre ère, et établit le premier pays féodal despotique au pouvoir centralisé——la dynastie des Qin.

⑦洛阳是九朝古都：东周、东汉、曹魏、西晋、北魏、隋、唐、后梁、后唐都曾在洛阳建过都。

Luoyang was the capital of nine dynasties：the Eastern Zhou, the Eastern Han, the Cao-Wei, the Western Jin , the Northern Wei, the Sui, the Tang, the Later Liang and the Later Tang all established their capitals at Luoyang.

Luoyang fut la capitale de neuf dynasties：la capitale de la dynastie des Zhou de l'Est , de la dynastie des Han de l'Est, de la dynastie des Wei sous le règne de la famille Cao, de la dynastie des Jin de l'Ouest, de la dynastie des Wei du Nord, de la dynastie des Sui, de la dynastie des Tang, de la dynastie des Liang postérieurs, et de la dynastie des Tang postérieurs.

⑧张衡：(78—139)东汉科学家，创造了研究地震的地动仪和

研究天象的水力驱动的浑天仪。

Zhang Heng（78—139）：a scientist of the Eastern Han, creator of a seismometer to study earthquakes and of a water-driven celestial globe to study astronomical phenomena.

Zhang Heng （78—139） était un scientifique des Han de l'Est. Il créa un sismographe et un sphère armillaire

⑨三大石窟：龙门石窟在河南洛阳伊水两岸龙门山峭壁上。现存佛龛(kān)七百五十个,造像约十万尊。最大的佛像高达十七点一七米,最小的只有两厘米。敦煌石窟即莫高窟,俗称千佛洞,在甘肃敦煌鸣沙山东麓的崖壁上。现存彩塑两千多尊,壁画四万五千多平方米,以及经卷、图书等大量珍贵历史文物。云冈石窟在山西大同武周山。现存佛像五万一千多,最大佛像高十七米,最小的只有几厘米。

The Three Great Caves: the Longmen Caves are in precipices of the Longmenshan on either bank of the river Yi at Luoyang in Henan and preserve seven hundred and fifty buddhist shrines with some hundred thousand images of the Buddha, ranging from 17. 17 metres to just two centimetres in height. The Dunhuang Caves, also called the Mogao Caves or, popularly, the Caves of the Thousand Buddhas, in cliffs at the eastern foot of the Mingshashan at Dunhuang in Gansu, preserve over two thousand painted statues and over twenty-five thousand square metres of wall paintings, as well as valuable historical relics such as sutras and other documents. The Yungang Caves, in the Wuzhoushan at Datong in Shanxi , preserve over fifty-one thousand images of the Buddha, ranging from seventeen metres to just a few centimetres in height.

Les trois grandes grottes：Les grottes de Longmen se trouvent sur la falaise abrupte dn mont Longmen, à cheval sur les deux rives de la rivière Yishui près de Luoyang, province du Henan. Il nous reste aujourd'hui 750 niches de statues, avec au total près de 100 000 modelages. La plus grande statue de Bouddha atteint 17,17 mètres de haut, le plus petit n'a que 2 cm. Les grottes de Dunhuang (appelées également grottes de Mogao ou grottes de Mille Bouddhas) furent creusées au flanc d'un versant abrupt du mont Mingsha à Dunhuang, province du Gansu. Il nous reste aujourd'hui 2000 statues en couleur, 45000 m^2 de fresques, ainsi qu'un grand nombre de vestiges tels que canons bouddhiques, livres, etc. Les grottes de Yungang se trouvent dans le mont Wuzhou à Datong, province du Shanxi. Plus de 51000 statues de bouddhas sont encore conservées dont la plus grande atteint 17 mètres de haut, la plus petite, quelques centimètres.

⑩赤眉:西汉末年由娄崇领导的在山东地区爆发的农民大起义。

The Red Brows: a great peasant uprising led by Fan Chong at the end of the Western Han Dynasty. It broke out in the Shandong area.

Les Sourcils rouges: L'Armée aux sourcils rouges désigne l'insurrection des paysans du Shandong dirigée par Fan Chong à la fin des Han de l'Ouest(206 av. J.-C.-24).

⑪黄巾:东汉末年张角领导的全国性的农民大起义。

The Yellow Turbans: a great national peasant uprising led by Zhang Jiao at the end of the Eastern Han Dynasty.

Les Turbans jaunes: C'est une grande insurrection des paysans dirigée par Zhang Jiao, qui s'est étendue à l'échelle nationale dans les dernières années de la dynastie des Han de l' Est (25—220)

⑫瓦岗军:隋末河南农民大起义。

The Wagang Army: a great peasant uprising in Henan at the end of the Sui Dynasty.

L' Armée Wagang: Une grande insurrection des paysans qui s' est produite dans la province du Henan vers la fin de la dynastie des Sui(581—618).

⑬黄巢:(? —884)唐末农民起义领袖。公元875年率领数千人在曹州(今山东曹县北)起义。881年攻下唐都城长安。

Huang Chao (? —884): the leader of a peasant uprising at the end of the Tang Dynasty. He led several thousand men in revolt at Caozhou (to the north of modern Caoxian in Shandong) in 874, and in 881 took the Tang capital Chang' an.

Huang Chao(? —884) était un dirigeant de l' insurrection paysanne dans les dernières années des Tang. En 875, il leva l'étendard avec plusienrs milliers de paysans à Caozhou (aujour d'hui le nord du district de Caoxian, province du Shandong). En 881, l' armée de l' insurrection occupa Chang' an, capitale des Tang.

⑭李自成:(1606—1645)明末农民起义领袖。1629年起义。1644年经河南、山西、进河北,占领北京,推翻了明王朝。

Li Zicheng(1606—1645): the leader of a peasant uprising at the end of the Ming Dynasty. From its beginnings in 1629, this uprising had by 1644 crossed Henan and Shanxi, entered Hebei, occupied Beijing and overthrown the Ming court.

Li Zicheng(1606-1645)était un dirigeant de l' insurrection paysanne à la fin de la dynastie des Ming(1368—1644). Il se rebella en 1629. Il entra dans le Hebei via les provinces du Henan et du Shanxi, et occupa Beijing en 1644, renversant la dynastie des Ming.

⑮见李白《将进酒》。

See Li Bai's《将进酒》(A Toast)

Voir le poème《将进酒》(*Porter un toast*) de Li Bai.

⑯见刘禹锡《浪淘沙九首》。

See Liu Yuxi's《浪淘沙九首》(Nine ci to the tune Lang Tao Sha)

Voir *Neuf* ci *d'après le motif* Lang Tao Sha de Liu Yuxi.

⑰冼星海：(1905—1945)人民音乐家。作有《黄河大合唱》、《生产大合唱》等四部大合唱,《救国军歌》、《到敌人后方去》等五百多首革命群众歌曲。

Xian Xinghai(1905—1945)：a people's composer, whose works include four cantatas, such as "The Yellow River Cantata" and the "Production Cantata", and over five hundred songs for the revolutionary masses, such as "The Army of National Salvation" and "Go for the Enemy's Rear".

Xian Xinghai(1905—1945) était un musicien du peuple. Il a composé quatre cantates："Cantate du Huanghe (fleuve Jaune)", "Cantate de la production", etc., et plus de 500 chants révolutionnaires tels que le "Chant de l'armée pour le salut de la patrie", "Allons sur les arrières de l'ennemi".

⑱"黄河百害,唯富一套"：套,河套,在内蒙古自治区和宁夏回族自治区境内,为黄河中游的冲积平原。全句意思是：黄河给人民带来无数灾害,黄河沿岸唯有河套地区比较富庶。

"黄河百害,唯富一套"："套","河套"is the great bend of the Yellow River in the Inner Mogolian Autonomous Region and the

270